Les cahiers d'exercices

Arabe
Intermédiaire

Daniel Krasa et Rita Nammour-Wardini

Avant-propos

Dans ce cahier, beaucoup de points de la langue arabe seront abordés à travers 17 chapitres et 150 exercices, ainsi que des banques de vocabulaire. Vous vous familiariserez progressivement avec les fondamentaux de la grammaire arabe, des chiffres aux phrases conditionelles, en passant par les verbes modaux, les temps verbaux, le passif, les participes, sans oublier d'autres particularités des verbes, les diptotes, d'autres irrégularités des substantifs, les compléments, les conjonctions et les particules. Vous allez ainsi revoir toutes les bases sans rien oublier de vos acquis !

Ce cahier vous permet également de vous autoévaluer : après chaque exercice, dessinez l'expression de vos icônes (☺ pour une majorité de bonnes réponses, 😐 pour environ la moitié et ☹ pour moins de la moitié). À la fin de chaque chapitre, reportez le nombre d'icônes relatives à tous ces exercices et, en fin d'ouvrage, faites les comptes en reportant les icônes des fins de chapitres dans le tableau général prévu à cet effet !

Sommaire

1. Les numéraux : généralités 3	11. D'autres particularités des verbes 63
2. Compter les choses 8	12. Les diptotes, les défectueux et les indéclinables 74
3. Les ordinaux et le temps 14	13. Les irrégularités des substantifs : les cinq noms 83
4. Les verbes modaux 21	14. Les compléments 86
5. L'imparfait 29	15. Les conjonctions de coordination 93
6. Le plus-que-parfait 33	16. Les particules 99
7. Le passif 37	17. Les phrases conditionnelles 109
8. Les participes verbaux 45	Solutions 118
9. Les participes des verbes dérivés 53	Tableau d'autoévaluation 128
10. Les verbes quadrilitères et leurs dérivations 58	

Les numéraux : généralités

Écrire les chiffres

Bien qu'on parle souvent chez nous de « chiffres arabes », l'arabe a une écriture des nombres qui lui est propre. En arabe, on les désigne d'ailleurs par الأرقام الهنديّة (les « chiffres indiens »). Voici l'écriture des chiffres telle qu'elle existe dans la plupart des pays du monde arabe – seul le Maghreb peut avoir tendance à utiliser les mêmes chiffres que nous :

١٠	٩	٨	٧	٦	٥	٤	٣	٢	١	٠
10	9	8	7	6	5	4	3	2	1	0

Contrairement à l'écriture des lettres arabes, les chiffres s'écrivent de gauche à droite.

1 Faites correspondre chaque chiffre arabe à son équivalent en chiffre indien.

- ٠ 1. •   • a. 8
- ٩ 2. •   • b. 3
- ٣ 3. •   • c. 2
- ٧ 4. •   • d. 5
- ٢ 5. •   • e. 9
- ١ 6. •   • f. 4
- ٨ 7. •   • g. 0
- ٥ 8. •   • h. 1
- ٤ 9. •   • i. 7
- ٦ 10. •   • j. 6

2 Complétez cette grille de sudoku.

٩	٦		٣					٢
				٢	٨	٩		٥
٢	٨		٦			١	٣	
٨		٢	٥			٣		
١								٧
		٣			٧	٥		٦
	٤	٧			٦		١	٣
٦		٩	٧	٣				
٣					٢		٧	٩

CHAPITRE 1 : LES NUMÉRAUX : GÉNÉRALITÉS

De 0 à 19

La numération est assez complexe. Tout d'abord, il existe pour chaque nombre cardinal de 1 à 19 une forme masculine et une forme féminine. Pour compter de façon abstraite, on emploie la forme masculine pour *un* et *deux*, puis la forme féminine pour les autres chiffres – zéro se dit صفر.

3 Sauriez-vous relier chaque chiffre à son équivalent en toutes lettres ?

أربعة – عشرة – واحد – ثمانية – صفر – ثلاثة – خمسة – تسعة – سبعة – اثنان – ستّ

a. صفر ← ٠	e. ٤ ←	i. ٨ ← ....
b. ١ ←	f. ٥ ←	j. ٩ ← ....
c. ٢ ←	g. ٦ ←	k. ١٠ ← ....
d. ٣ ←	h. ٧ ←	

4 Écrivez les chiffres dans l'ordre croissant.

خمس عشرة – اثنتا عشرة – ستّ عشرة – ثلاث عشرة – سبع عشرة – أربع عشرة
تسع عشرة – ثماني عشرة

إحدى عشرة، ....
....

CHAPITRE 1 : LES NUMÉRAUX : GÉNÉRALITÉS

5 Les nombres de 1 à 19 sont cachés dans cette grille, sauf un seul. Barrez-les afin de trouver le nombre mystère. Attention, une même case peut servir deux fois !

	ة	ر	ش	ع	ت	س		
	ة	ر	ش	ع	س	ت	خ	
س		ة	ر	ش	ع	ي	ن	ا	م	ث
ت	أ		س	م	ة	ي	ن	ا	م	ث
ة	ر	ش	ع	ث	ا	ل	ث	و	
ر	ب	خ	ش	ن	ا	ن	ث	ا	
ش	ع	م	ر		ش	ع	ل	ح	
ع	ع	س	ة	ر	ش	ع	د-ى-ا	ح	إ
ع	ش	ة	ي	ن	ا	م	ث	ة	ع	ب	س
ب	ر			ة	ع	ب	ر	أ
س	ة	ر	ش	ع	ا	ت	ن	ث	ا	ة	ر

De 20 à 90

De 20 à 90, les chiffres se terminent par ون au cas sujet et ين au cas direct et indirect :

20	عشرون	40	أربعون	60	ستّون	80	ثمانون
30	ثلاثون	50	خمسون	70	سبعون	90	تسعون

Pour exprimer un nombre composé à partir de 21, on énoncera d'abord le chiffre des unités, puis celui des dizaines précédé de و (*et*) :

21	واحد وعشرون	23	ثلاثة وعشرون
22	اثنان وعشرون	etc.	

CHAPITRE 1 : LES NUMÉRAUX : GÉNÉRALITÉS

Puis les centaines, les milliers, etc. :

100	مئة	700	سبعمئة	4 000	أربعة آلاف
200	مئتان	800	ثمانيمئة	5 000	خمسة آلاف
300	ثلاثمئة	900	تسعمئة	10 000	عشرة آلاف
400	أربعمئة	1 000	ألف	11 000	أحد عشر ألفاً
500	خمسمئة	2 000	ألفان	1 000 000	مليون
600	ستّمئة	3 000	ثلاثة آلاف		

La combinaison des nombres fonctionne de la façon suivante :

خمسة آلاف ومئة واثنان وثلاثون

→ *cinq mille cent trente-deux (5 132)*

اثنان وتسعون ألفاً وخمسمئة وأربع وثمانون

→ *quatre-vingt-douze mille cinq cent quatre-vingt-quatre (92 584)*

6 Traduisez en écrivant les chiffres en toutes lettres.

a. 52 → ....

b. 87 → ....

c. 139 → ....

d. 264 → ....

e. 318 → ....

f. 1 591 → ....

g. 4 675 → ....

h. 7 943 → ....

i. 10 726 → ....

j. 69 048 → ....

CHAPITRE 1 : LES NUMÉRAUX : GÉNÉRALITÉS

7 Écrivez les opérations ci-dessous et leur résultat en toutes lettres en arabe.
Exemple : و (+), ناقص (-), في (x), على (÷), يساوي (=)

a. 7 x 11 = ...
b. 33 − 8 = ...
c. 14 + 15 = ...
d. 84 ÷ 4 = ...
e. 56 + 12 = ...
f. 9 x 9 = ...
g. 20 − 14 = ...
h. 120 ÷ 2 = ...
i. 7 x 18 = ...
j. 162 + 11 = ...
k. 472 − 110 = ...
l. 550 ÷ 25 = ...

مبروك! (*Félicitations !*)
Vous êtes venu(e) à bout du chapitre 1 !
Il est maintenant temps de comptabiliser
les icônes et de reporter le résultat
en page 128 pour l'évaluation finale.

Compter les choses

Masculin et féminin

Lorsqu'on compte des choses, l'arabe fait une distinction entre celles qui sont grammaticalement masculines ou féminines. Pour chaque groupe, un ensemble de numéraux est utilisé, à savoir qu'il existe une forme masculine et une féminine pour chaque nombre de 1 à 19, ainsi que pour les unités dans les nombres supérieurs à 19. On emploie le nombre au féminin pour les noms comptés masculins et le nombre au masculin pour les noms féminins. Toutefois, le nombre 10 présente deux cas de figure : il prend le genre contraire au nom compté lorsqu'il est utilisé seul mais s'accorde avec ce dernier dans les nombres composés.

❶ Reliez les numéraux masculins aux formes féminines déjà connues. Souvenez-vous que les noms pour 1 et 2, tels qu'on les connaît, sont masculins.

أربع – عشر – اثنتان – واحدة – ثمانٍ – ثماني – ثلاث
خمس – تسع – سبع – اثنانِ – ستّ

	numéraux masculins	numéraux féminins
1	واحد	
2	اثنان	
3		ثلاثة
4		أربعة
5		خمسة
6		ستّة
7		سبعة
8*		ثمانية
9		تسعة
10		عشرة

* Pour *huit (8)* on a au masculin la racine défectueuse ثمانٍ qui devient ثماني devant un nom compté : ثماني مدن (*huit villes*).

CHAPITRE 2 : COMPTER LES CHOSES

 Identifiez les paires des nombres 11 à 19 et mettez-les dans la grille.

إحدى عشرة، اثنا عشر، ستّ عشرة، أربعة عشر، ثلاث عشرة، سبعة عشر، ستّة عشر، ثماني عشرة، خمسة عشر، أحد عشر، تسع عشرة، ثلاثة عشر، سبع عشرة، ثمانية عشر، أربع عشرة، خمس عشرة

	numéraux masculins	numéraux féminins
11		
12		اثنتا عشرة
13		
14		
15		
16		
17		
18		
19	تسعة عشر	

 Créez les paires masculine et féminine de ces nombres en utilisant les ensembles du premier exercice.

	numéraux masculins	numéraux féminins
24		
32		
48		
57		
61		
75		
86		
93		

CHAPITRE 2 : COMPTER LES CHOSES

Quant au sujet compté, celui-ci suit des règles différentes en fonction du nombre auquel il se réfère. Pour *un*, on emploie très rarement le nombre : seulement lorsqu'une précision est nécessaire. Dans ce cas, le nombre suit le sujet compté : كتاب (واحد) (*un (seul) livre*) ; مدينة (واحدة) (*une (seule) ville*).

Pour *deux*, le nombre n'est jamais employé, mais on utilise le duel : كتابان (*deux livres*) ; مدينتان (*deux villes*).

À partir de *trois*, un schéma très clair est usité, où le sujet est soit au pluriel soit au singulier, au cas direct ou indirect, selon le nombre auquel il se réfère.

de 3 à 10	nombre + nom au pluriel	cas indirect
de 11 à 99	nombre + nom au singulier	cas direct
100, 1 000 ainsi que leurs duels 200, 2 000 et leurs pluriels 300, 3 000, etc.	nombre + nom au singulier	cas indirect

4 Complétez les phrases suivantes avec le nom compté, donné entre parenthèses, en respectant la bonne déclinaison.

a. رسب تسعة عشر (طالب) .... في امتحان آخر السّنة.

b. دعونا إلى حفلة عرسنا أربعمئة (شخص) ....

c. حضر المؤتمر مئتان واثنان وعشرون (طبيب) ....

d. في مكتبة المدينة ألف وسبعمئة وثمانٍ وسبعون (مجلّة) ....

e. أنهيتُ قراءة كتاب مؤلّف من خمسمئة (صفحة) ....

f. يعطي هذا الأستاذ أربعة (درس) .... في اليوم في كلّيّة الآداب.

g. تضمّ الأمم المتحدة مئة وثلاث وتسعون (دولة) ....

CHAPITRE 2 : COMPTER LES CHOSES

Banque de mots

آخِر...	fin de...
حضر	assister, participer
رسب	échouer
صفحة	page
ضمّ	assembler, comprendre
عرس	mariage

قراءة	fait de lire
كلّيّة الآداب	faculté de lettres
مؤتمر	conférence
مؤلّف	auteur

5 Dans les phrases suivantes, déterminez quelle est la bonne proposition de nombre ou de nom compté selon le cas, en barrant l'option erronée.

a. في كتاب "كان ما كان" لميخائيل نعيمه (ستّ / ستّة) قصصٍ.

b. سافرنا إلى القاهرة قبل (ثلاث / ثلاثة) أسابيع.

c. مضى على زواجهما نحو ثلاثين (عام / عاماً).

d. يحتوي الكتيّب على مئة (تمرينٍ / تمارينَ).

e. زار المتحف السّنة الماضية (ألفان وثلاثمئة وثلاثة وتسعون / ألفين وثلاثمئة وثلاث وتسعين) سائحاً.

f. بنت الحكومة في القرية النّائية (أربع / أربعة) مدارس ابتدائيّة.

g. استغرق بناء المسجد مئة وأحد عَشر (يوماً / أيّاماً).

6 Écrivez les nombres en toutes lettres en respectant l'accord avec le nom compté ainsi que le nombre et la déclinaison de ce dernier.

a. صحيفة – ١٠٠٠ ←...................

b. بحث علميّ – ٢٤ ←...................

c. مقال – ١٥ ←...................

d. ممثّل – ٧ ←...................

e. قاموس – ١١٢ ←...................

f. سياسيّ – ٦٠٠ ←...................

g. طالبة – ١١ ←...................

CHAPITRE 2 : COMPTER LES CHOSES

Banque de mots

recherche scientifique	بحث علميّ	dictionnaire	قاموس
fait de construire	بناء	histoire(s)	قصّة / قصص
construire, bâtir	بنى	« il était une fois »	"كان ما كان"
exercice(s)	تمرين / تمارين	livret	كتيّب
gouvernement	حكومة	école primaire	مدرسة ابتدائيّة
mariage	زواج	passer, s'écouler (en parlant du temps)	مضى
politicien (dans ce contexte)	سياسيّ	éloigné, lointain	ناءٍ
journal	صحيفة	environ	نحو
an	عام		

Les monnaies

Au sein du monde arabe, les monnaies diffèrent d'un pays à l'autre. Les plus répandues sont les suivantes :

	pluriel	singulier
dinar (Algérie, Bahreïn, Irak, Jordanie, Koweït, Libye, Tunisie)	دنانير	دينار
dirham (Émirats arabes unis, Maroc)	دراهم	درهم
livre (Égypte, Soudan)	جنيهات	جنيه
livre (Liban, Syrie)	ليرات	ليرة
riyal (Arabie Saoudite, Qatar, Oman, Yémen)	ريالات	ريال

7 Selon le cas, écrivez en toutes lettres les prix mentionnés dans les phrases suivantes ou complétez avec la monnaie donnée entre parenthèses en respectant le bon nombre et la bonne déclinaison.

a. حرّرتَ شيكاً بقيمة ٥٠٤٣ .... درهماً.

b. أودعتُ في حسابي ١٠٠٠٠٠ .... ليرة.

c. كلّف فستان السّهرة مئة ألف (جنيهٍ / جنيهاتٍ / جنيهاً).

d. صرفت الشّركة تسعةَ آلاف وتسعمئة وستّة عشر (ريالٍ / ريالاتٍ / ريالاً).

e. اشترينَ الفواكه بـ١٠ .... دنانير.

CHAPITRE 2 : COMPTER LES CHOSES

Banque de mots

	أودع	déposer (une somme d'argent)
	حرّر	libeller (un chèque)
	سهرة	soirée
	شيك	chèque
	صرف	dépenser
	قيمة	valeur

8. Traduisez en écrivant les chiffres en toutes lettres.

a. 5 dinars → ....

b. 12 dirhams → ....

c. 56 livres libanaises → ....

d. 387 livres égyptiennes → ....

e. 1 825 riyals → ....

مبروك! (*Félicitations !*)
Vous êtes venu(e) à bout du chapitre 2 !
Il est maintenant temps de comptabiliser les icônes et de reporter le résultat en page 128 pour l'évaluation finale.

3

Les ordinaux et le temps

Les nombres ordinaux

Les nombres ordinaux sont créés à partir des cardinaux et connaissent à nouveau une forme masculine et une féminine, cette dernière se terminant en ـة. Les ordinaux de *premier* à *dixième* dans leurs deux formes sont :

	masculin	féminin
premier	أوّل	أولى
deuxième*	ثانٍ / الثّاني	ثانية
troisième	ثالث	ثالثة
quatrième	رابع	رابعة
cinquième	خامس	خامسة

	masculin	féminin
sixième	سادس	سادسة
septième	سابع	سابعة
huitième	ثامن	ثامنة
neuvième	تاسع	تاسعة
dixième	عاشر	عاشرة

* Pour *deuxième* (2ᵉ) on a au masculin la racine défectueuse ثانٍ qui devient ثاني quand elle est précédée de l'article : اليوم الثّاني (*le deuxième jour*).

Les nombres ordinaux suivent le sujet auxquels ils se réfèrent et ils se déclinent et s'accordent en genre. Le sujet et le nombre sont précédés de l'article : الزّميل الأوّل (*le premier collègue*), البنت الأولى (*la première fille*).

1 Complétez le tableau suivant.

	ordinaux masculins	ordinaux féminins
1	اليوم الأوّل	السّنة ....
2	....	المديرة الثّانية
3	.... البلد	المدينة ....
4	الفصل الرّابع	الصّفحة ....
5	....	الزّميلة
6	.... الطّابق	الشّقة السّادسة
7	....	الفتاة
8	الصّفّ الثّامن	الجامعة ....
9	.... الدّرس	الأمثولة ....
10	.... المعلّمة	....

CHAPITRE 3 : LES ORDINAUX ET LE TEMPS

2 Traduisez les ordinaux suivants.

a. La première année → ....
b. Le sixième jour → ....
c. La troisième heure → ....
d. La septième minute → ....
e. Le neuvième mois → ....

Les ordinaux de 11 à 19

Les ordinaux de 11 à 19 sont composés des formes des unités suivies de عشر pour le masculin et عشرة pour le féminin. Uniquement pour 11 on utilise حادٍ / الحادي au lieu de أوّل. Pour définir ces formes, seule l'unité – c'est-à-dire le premier mot – prend l'article : الرّحلة الخامسة عشرة إلى مصر (le quinzième voyage en Égypte).

3 Créez les formes masculine et féminine (définies et indéfinies) des ordinaux.

	masculin	féminin
onzième	حادٍ عشر / الحادي عشر	حادية عشرة / الحادية عشرة
douzième		
treizième		
quatorzième		
quinzième		
seizième		
dix-septième		
dix-huitième		
dix-neuvième		

CHAPITRE 3 : LES ORDINAUX ET LE TEMPS

4. Complétez les phrases suivantes avec le bon ordinal correspondant au chiffre entre parenthèses.

a. الرّابحة (١١) ← ....

b. اللّاعب (١٩) ← ....

c. المسابقة (١٦) ← ....

d. الرّئيس (١٤) ← ....

e. المحاولة (١٨) ← ....

f. المباراة (١٢) ← ....

g. المشترك (١٣) ← ....

Banque de mots

أمثولة	leçon
رابحة	gagnante
فصل	saison
مسابقة	compétition
مشترك	participant
قيمة	valeur

Les ordinaux de 19 à 99

Pour les ordinaux au-dessus de 19 jusqu'à 99, on emploie les unités 1-9 comme dans les formes précédentes (حادٍ / الحادي، ثاني، ثالث...) suivis des dizaines des cardinaux, coordonnés par و : اللّيلة الحادية والعشرون (la vingt-et-unième nuit).

Au-dessus de 99, l'emploi des ordinaux est rarement utilisé. Pour le centième, on a المائة et ensuite, on peut employer la construction des ordinaux de premier à 99ᵉ suivis de بعد الألف ou بعد المائة : المؤتمر الخامس والسّتّون بعد المائة (le 165ᵉ congrès).

CHAPITRE 3 : LES ORDINAUX ET LE TEMPS

 Complétez les phrases suivantes avec les nombres ordinaux correspondant aux chiffres notés entre parenthèses.

a. السّاعة (٢٥) رواية للمؤلّف فيرجيل جيورجيو.

← ....

b. سجّل اللّاعب هدفاً في الدّقيقة (٤٩) من المباراة.

← ....

c. احتفل المواطنون بالذكرى (٥٢) لتحرير بلادهم.

← ....

d. النّدوة (٦٤) عن حقوق المرأة ستكون بحضور عدد من الوزراء.

← ....

e. قدّم المدير البرنامج (١٩) لزيادة الأرباح في شركته.

← ....

f. البند (٧١) من العقد يتناول شروط الصّفقة.

← ....

g. دعونا كلّ أفراد العائلة للاحتفال بعيد جدّي (٩٩).

← ....

Banque de mots

احتفال	célébration
احتفل	célébrer
برنامج	programme
بند	paragraphe, article
تحرير	libération
تناول	traiter de
ذكرى	commémoration
ربح / أرباح	profit(s)
زيادة	fait d'augmenter
سجّل	marquer (un but)
شرط / شروط	condition(s), clause(s)
صفقة	affaire, transaction
فرد / أفراد	membre(s)
مرأة	femme
مواطن	citoyen
ندوة	séminaire, colloque
هدف	but

CHAPITRE 3 : LES ORDINAUX ET LE TEMPS

6 Créez les formes masculine et féminine (définies et indéfinies) des ordinaux.

	masculin	féminin
101ᵉ		
150ᵉ		
1 015ᵉ		
88ᵉ		
37ᵉ		
43ᵉ		

L'heure (1)

Pour demander l'heure, on dit : كم السّاعة؟

Pour répondre à cette question, on utilise les formes féminines des nombres ordinaux pour les heures : السّاعة الثانية ← *Il est 2 heures.* La seule exception est السّاعة واحدة ← *Il est 1 heure*, et pour les minutes ou les fractions d'heure, on utilise les nombres fractionnaires : ربع (*quart*), ثلث (*tiers*), نصف (*demi*). Pour exprimer le *moins*, on dit إلّا et pour le *et*, on utilise و, par exemple : السّاعة الثانية والثّلث ← *Il est 2 heures vingt (et le tiers).*

7 Identifiez l'heure exprimée en arabe et reliez les phrases aux traductions françaises.

1. • السّاعة الرّابعة والنّصف.   • a. Il est 3 h 00.

2. • السّاعة الثّانية عشرة إلّا الرّبع.   • b. Il est 11 h 20.

3. • السّاعة الحادية عشرة والثّلث.   • c. Il est 4 h 30.

4. • السّاعة الثّالثة.   • d. Il est 9 h 15.

5. • السّاعة التّاسعة والرّبع.   • e. Il est 5 h 40.

6. • السّاعة السّادسة إلّا الثّلث.   • f. Il est 11 h 45.

CHAPITRE 3 : LES ORDINAUX ET LE TEMPS

 Écrivez l'heure correspondante à côté de l'horloge.

a. السَّاعة - كم السَّاعة؟ ....

b. السَّاعة - كم السَّاعة؟ ....

c. السَّاعة - كم السَّاعة؟ ....

d. السَّاعة - كم السَّاعة؟ ....

e. السَّاعة - كم السَّاعة؟ ....

f. السَّاعة - كم السَّاعة؟ ....

L'heure (2)

On compte habituellement par 12 heures et non par 24. Les mots suivants peuvent préciser de quel moment il s'agit : بعد الظّهر (*du matin*), صباحاً (*de la journée*), نهاراً (*de l'après-midi*), مساءً (*du soir*) et ليلاً (*de la nuit*).

Lorsqu'on veut exprimer l'heure précise, on utilise le mot دقيقة (*minute* ; دقائق au pluriel) qui suit les règles des sujets comptés en combinaison avec des numéraux.

CHAPITRE 3 : LES ORDINAUX ET LE TEMPS

9 Sauriez-vous traduire ces indications temporelles ?

1. السّاعة الآن الحادية عشرة وخمس دقائق نهاراً.
....
2. السّاعة الآن العاشرة وأربع وعشرون دقيقةً مساءً.
....
3. السّاعة الآن الرابعة واثنتا عشرة دقيقةً بعد الظّهر.
....
4. السّاعة الآن الثانية وتسع وخمسون دقيقةً صباحاً.
....
5. السّاعة الآن الثّانية عشرة وستّ دقائق ليلاً.
....
6. السّاعة الآن الخامسة وعشر دقائق صباحاً.
....

10 Écrivez l'heure précise correspondante à côté de l'horloge numérique.

`23:47`   a. السّاعة الآن ....

`07:21`   b. السّاعة الآن ....

`10:56`   c. السّاعة الآن ....

`14:34`   d. السّاعة الآن ....

`17:08`   e. السّاعة الآن ....

`21:12`   f. السّاعة الآن ....

(*Félicitations !*) مبروك!
Vous êtes venu(e) à bout du chapitre 3 !
Il est maintenant temps de comptabiliser
les icônes et de reporter le résultat en
page 128 pour l'évaluation finale.

4
Les verbes modaux

Pour traduire les verbes *aimer*, *désirer*, *devoir*, *espérer*, *pouvoir*, *vouloir* ou d'autres constructions où le français utilise des auxiliaires modaux (c'est-à-dire des verbes qui précèdent un autre verbe), il existe plusieurs possibilités en arabe. D'une part, il y a peu de vrais verbes employés de façon personnelle comme اِسْتَطاعَ / يَسْتَطيعُ (*pouvoir*) ou أرادَ / يُريدُ (*vouloir*). Ces verbes sont toujours suivis du **masdar** (*nom d'action*) d'un autre verbe ou de أن (*que*) puis d'un verbe au subjonctif. Pour une phrase comme *Peux-tu manger maintenant ?* on a donc هل تستطيع أن تأكلَ الآن؟ ou هل تستطيع الأكل الآن؟.

❶ Transformez ces phrases simples en phrases modales en utilisant le verbe اِستطاعَ - يستطيعُ. Deux versions (avec **masdar** ou verbe au subjonctif) sont possibles.

Exemple : تستطيع أن تعملَ في شركتنا. / تستطيع العمل في شركتنا. ← تعملُ في شركتنا.

a. أتغلّبُ على كلّ الصّعوبات.

←..

b. يحقّقُ نجاحاً باهراً.

←..

c. نربحُ الجائزة الكبرى في البرنامج.

←..

d. تقرأُ ستّة كتب في الشّهر.

←..

e. أترجمُ قصيدة من الفرنسيّة إلى العربيّة.

←..

f. نشتركُ في مسابقة الجري الّتي تُنظّمها مدينتنا.

←..

CHAPITRE 4 : LES VERBES MODAUX

À côté des verbes dits « personnels », il existe des tournures comme يَجِبُ أن (*il faut que*), يُمْكِنُ أن (*il est possible que*), ينبغي أن (*on devrait*) ou يُهِمُّ أن (*il est important que*), toujours suivies d'un verbe au subjonctif et qui – comme en français – ne sont utilisées que de façon impersonnelle : يجب أن تأكلَ تفّاحة. ← *Il faut que tu manges une pomme.* Cependant, on peut les faire suivre de la préposition على (*sur*) à laquelle les suffixes des pronoms personnels peuvent être ajoutés : ينبغي علينا أن نتحمّل هذا. ← *Nous devons tolérer cela.* Pour يُهِمُّ أن et يُمْكِنُ أن les suffixes personnels sont directement affixés au verbe : هل يُمْكِنُكَ السّفر اليوم؟ ← *Peux-tu voyager aujourd'hui ?*

2 Vous souvenez-vous des particularités du subjonctif ? Entourez la forme correcte du verbe.

2. علي وأيمن في مدينتنا. يجب أن ... السّوق.
a. يزورا
b. زاروا
c. يزوران

1. يُهمّكم أن ... هنا!
a. انتظرتم
b. تنتظروا
c. تنتظرون

4. يُمْكِنُهم أن ... في هذه الكلّيّة.
a. درستْ
b. يدرسان
c. يدرسوا

3. ينبغي عليكِ أن ... في المحطّة القادمة.
a. تنزلوا
b. تنزلي
c. تنزلين

3 Complétez les phrases suivantes en conjuguant correctement les verbes entre parenthèses.

a. لا ينبغي علينا أن .... (دخل) منزلكم.

b. يجب عليكِ أن .... (شرب) الماء.

c. هل يُمْكِنُكَ أن .... (شرح) لي درس الجغرافيا؟

d. يجب عليها أن .... (لبس) فستان السّهرة الرماديّ.

e. ينبغي عليكم أن .... (حجز) غرفة في الفندق.

f. هل يُمْكِنُكنّ أن .... (فتح) باب المدخل للضّيوف؟

CHAPITRE 4 : LES VERBES MODAUX

Voici d'autres constructions de ce groupe : يَجوز أن (*on a le droit de*), يتحتّم أن (*il faut absolument que*) ou يُحْتمل أن (*il se peut que*). Et voici d'autres verbes qui ajoutent toujours un pronom personnel : يُعْجب أن (*il plaît que*), يُشرِّف أن (*être honoré de*), يَسُرُّ أن (*être heureux de*), يَسوء أن (*être désolé que*) ou يُحْزن أن (*être triste de*). Exemple : يُعْجِبُني أن تغنِّي → *J'aime quand tu chantes*, littéralement *il me plaît que tu chantes*.

4 Complétez les phrases suivantes en choisissant la bonne option parmi celles qui vous sont données.

1. هل يجوز أن ... إلى هذا البلد من دون تأشيرة؟
   a. نسافرَ
   b. نسافرُ
   c. تسافرون

2. يتحتّم عليكِ أن ... عقد الشّراء.
   a. توقّعين
   b. توقّعي
   c. توقّعنَ

3. يُحتمل أن ... اليوم.
   a. تُثلِجُ.
   b. تُثلِجين.
   c. تُثلِجَ.

4. يُعجبها أن ... معها.
   a. يرقصَ
   b. يرقصون
   c. ترقصون

5. يُشرِّفني أن ... في شركتكم.
   a. أعملُ
   b. نعملُ
   c. أعملَ

6. يُحزنه أن ... خبر وفاة خاله.
   a. يسمعَ
   b. تسمعين
   c. يسمعُ

Banque de mots

أثلجت (السماء)	neiger	جغرافيا	géographie
أحبّ	aimer	حقّق	réaliser
أراد	vouloir	شرحَ	expliquer
استطاع	pouvoir	صعوبة / صعوبات	difficulté(s)
باهر	éblouissant	الفرنسيّة	langue française
ترجم	traduire	فستان سهرة	robe de soirée
تغلّبَ (على)	vaincre	قادم	prochain
جائزة	lot, récompense	مدخل	entrée
الجائزة الكبرى	gros lot	نجاح	réussite
الجري	course à pied	وفاة	décès

CHAPITRE 4 : LES VERBES MODAUX

5 Traduisez les phrases de l'exercice précédent.

a. Avons-nous le droit de ....

b. ....

c. ....

d. ....

e. ....

f. ....

La plupart des tournures modales sont rendues par des constructions basées sur des mots spécifiques introduits par مِن الـ et suivis de أن (que), puis à nouveau d'un verbe au subjonctif. Les tournures les plus utilisées dans ce groupe sont مِن الواجب أن... ou مِن اللّازم أن... (il faut que), مِن المُمكن أن... (il est possible que), مِن الضّروري أن... (il est nécessaire que), مِن المُستحيل أن... (il est impossible que) et مِن المفروض أن... (on devrait). Cette liste n'est pas exhaustive.

6 Pour chacune des phrases suivantes, choisissez la tournure qui convient le mieux parmi celles proposées.

a. (مِن اللّازم – مِن المستحيل) أن تثلجَ في الصّيف!

b. (مِن الضّروريّ – مِن الممكن) أن تحصلي على تأشيرة للسّفر إلى هذا البلد.

c. (مِن المفروض – مِن اللّازم) أن نزورَ خالنا المريض.

d. (مِن الواجب – مِن المستحيل) أن نحترمَ القانون.

e. (مِن اللّازم – مِن الممكن) أن يصلَ غداً.

CHAPITRE 4 : LES VERBES MODAUX

7 Conjuguez correctement le verbe entre parenthèses, en prenant en compte le sujet qui vous est parfois donné sous forme de pronom personnel.

a. مِن اللّازم أن .... (انعقدَ) الاجتماع هذا المساء.
b. مِن الضّروريّ أن .... (قام) الطّبيب بعمليّة جراحيّة لإنقاذ المريض.
c. مِن الممكن أن .... (انسحبَ – هم) من المباراة.
d. مِن المستحيل أن .... (رسبَ – أنتم) إذا درستم جيّداً للامتحان.
e. مِن الواجب أن .... (انتظرَ – انتِ) أباك في المحطّة.

8 Trouvez – selon les mots connus – les traductions de ces tournures françaises.

1. On attend que… •
2. C'est facile de… •
3. C'est difficile de… •
4. Il est interdit de… •
5. Il est permis de… •
6. C'est naturel que… •
7. C'est mieux de… •
8. C'est plus approprié de… •

a. • مِن الصّعب أن …
b. • مِن الممنوع أن …
c. • مِن السّهل أن …
d. • مِن الأحسن أن …
e. • مِن المُنتظر أن …
f. • مِن الأجدر أن …
g. • مِن الطّبيعي أن …
h. • مِن المسموح أن …

Banque de mots

جدول الأعمال	ordre du jour
عمليّة جراحيّة	opération chirurgicale
مِن المتّفق عليه أن …	il a été convenu que…
مِن المتوّقع أن …	il est prévu que…
مِن المحتمل أن …	il est probable que…
مِن المرجّح أن …	il est plus probable que…
مِن المستحسن أن …	il est préférable que…
مِن المعتاد أن …	il est coutume de…
مِن المقرّر أن …	il a été décidé que…

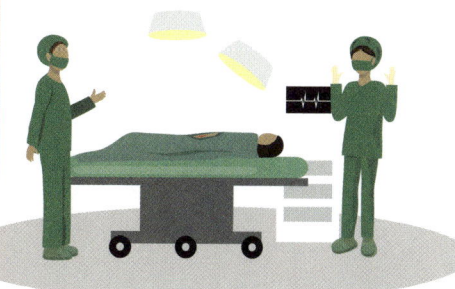

CHAPITRE 4 : LES VERBES MODAUX

9 Trouvez les traductions des tournures modales dans la banque de mots et choisissez le verbe qui convient aux phrases.

يربحوا – تصلَ – نوقّعَ – تسافروا – تزوروا – يجتمعنَ – يحضرَ

a. مِن المرجّح أن .... الوزير النّدوة.

b. مِن المحتمل أن .... مباراة كرة اليد.

c. مِن المقرّر أن .... في المكتب لمناقشة جدول الأعمال.

d. مِن المتّفق عليه أن .... الصّفقة بعد الاجتماع اليوم.

e. مِن المعتاد أن .... جدّتكم في عطلة نهاية الأسبوع.

f. مِن المستحسن أن .... إلى لبنان في الصّيف.

g. مِن المتوقّع أن .... الطّائرة في السّاعة السّابعة مساءً.

> Certaines tournures sont créées avec أنّ (*que*) au lieu de أن et ne peuvent pas, par conséquent, être suivies d'un verbe mais seulement d'un substantif ou d'un nom. Parmi ce groupe figurent avant tout مِن الواضح أنّ... (*il est bien connu que…*), مِن المعروف أنّ... (*il est clair que…*) et مِن المفهوم أنّ... (*il est entendu que…*). D'autres – plus complexes – sont : مِن الثّابت أنّ... (*il faut mentionner que…*) et مِن الجدير بالذّكر أنّ... (*il est bien établi que…*).

10 Trouvez pour chacune des phrases suivantes la traduction correspondante.

1. Il est bien établi que la Terre tourne autour du Soleil.

2. Il faut mentionner que l'arabe est la cinquième langue au monde.

3. Il est clair qu'il est contre nous.

4. Il est bien connu que le savoir est une lumière.

5. Il est entendu qu'elle va se présenter aux élections.

a. مِن المعروف أنّ العلم نور.

b. مِن الواضح أنّه ضدّنا.

c. مِن المفهوم أنّها ستترشّح للانتخابات.

d. مِن الجدير بالذّكر أنّ العربيّة هي خامس لغة في العالم.

e. مِن الثّابت أنّ الأرض تدور حول الشّمس.

CHAPITRE 4 : LES VERBES MODAUX

11 Complétez ce court texte à l'aide des tournures présentes dans la leçon.

.... التّدخين مضرّ بالصّحّة. .... التّبغ يحتوي على موادّ سامّة. .... السّجائر تسبّب أمراضاً كثيرة. بالإضافة إلى الضّرر بالصّحّة، .... التّدخين يؤثّر سلباً على الوضع الماديّ للمدخّن. و .... المسفيد الأوّل هو شركات التّبغ العالميّة.

À part toutes ces tournures qui emploient مِن الـ..., l'arabe connaît d'autres constructions pour rendre la notion de *devoir*. Avant tout, celle où la préposition على (*sur*) est suivie d'un objet ou du pronom personnel suffixé et à nouveau أن : عليكَ أن تعملَ اليوم. ← *Tu dois travailler aujourd'hui*. Mais on utilise aussi d'autres tournures pour rendre la notion d'obligation, comme لا بُدّ لـ... مِن... qui est utilisé avec un nom d'action et qui a plus ou moins le sens de *il n'y a pas d'issue pour... [hormis] de...*. Ici, l'objet ou le pronom personnel suffixé suit ...لـ (*pour*) : لا بُدّ لي مِن النّوم الآن. ← *Je dois dormir maintenant*.

---

12 Réécrivez ces phrases en leur conférant la notion d'obligation comme dans l'exemple :

أنا أعملُ كثيراً. ← عليّ أن أعملَ كثيراً.

a. هي تسكنُ قرب الكلّيّة. ← ....
b. أنتم تساعدون أقرباءكم. ← ....
c. هم يسخّنون الطّعام. ← ....
d. هنّ يدرسنَ الفصحى. ← ....
e. أنتَ تطلبُ رقم هاتفه. ← ....

CHAPITRE 4 : LES VERBES MODAUX

13 Trouvez le ma<u>s</u>dar entre parenthèses afin de compléter chacune des phrases suivantes.

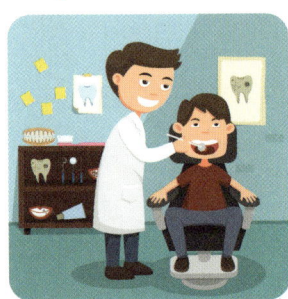

a. لا بدّ لها مِن (ذهب) .... عند طبيب الأسنان.

b. لا بدّ لكَ مِن (صعد) .... الدّرج.

c. لا بدّ لهنّ مِن (كتب) .... رسالة إلى المدير.

d. لا بدّ لنا مِن (باع) .... منزلنا.

e. لا بدّ لي مِن (قرأ) .... هذه الرّواية.

14 Corrigez les erreurs soulignées dans les phrases suivantes.

a. لا بدّ له مِن <u>اشترك</u> في الحفلة.

b. <u>عليها</u> أن نتنازلَ عن حقوقنا.

c. لا بدّ لكم مِن <u>تحلّون</u> هذه المشكلة.

d. عليكِ أن <u>توصلين</u> المريض إلى المستشفى.

e. لا بدّ لها مِن <u>أكرمت</u> ضيوفها.

f. لا بدّ لهنّ مِن <u>يعتذرنَ</u>.

Banque de mots

انتخابات	élections	سلباً	négativement
باع	vendre	ضرر	dégât
بالإضافة إلى	en plus de	عالميّ	mondial
تبغ	tabac	مادّة / موادّ	produit(s), matière(s)
ترشّحَ	se présenter (aux élections)	مدخّن	fumeur
		مستفيد	bénéficiaire
سامّ	toxique	مضرّ	nocif
سبّبَ	causer	نور	lumière
سجائر	cigarettes	الوضع الماديّ	situation financière

مبروك! (Félicitations !)
Vous êtes venu(e) à bout du chapitre 4 !
Il est maintenant temps de comptabiliser les icônes et de reporter le résultat en page 128 pour l'évaluation finale.

5 L'imparfait

Formation de l'imparfait

L'arabe connaît – comme le français – une distinction entre les formes verbales du passé (rendu en arabe par l'accompli) et l'imparfait. Ce dernier exprime un fait ou une action qui a déjà eu lieu au moment où nous parlons mais qui peut encore se dérouler ou qui s'est déroulé de façon régulière. On forme l'imparfait en utilisant le verbe كان à la forme voulue suivi de l'inaccompli du verbe principal également conjugué dans la forme adéquate. Par exemple : كان يعمل في مصنع. → *Il travaillait dans une usine.*

Dans cette construction, on a tendance à placer le sujet entre كان et le verbe à l'inaccompli : كانت أختي تسكن في نفس الغرفة. → *Ma sœur habitait dans la même chambre.* Lorsque كان est placé avant le sujet, il s'accorde en genre mais pas en nombre avec ce dernier tandis qu'il s'accorde en genre et en nombre lorsqu'il est placé après.

La négation de l'imparfait peut être construite ou par ما devant كان ou – de façon plus élaborée – par لم suivi par l'apocopé du verbe : كان. لم نكن نأمل / ما كنّا نأمل. → *Nous n'espérions pas.*

1 Complétez avec la forme correcte du verbe indiqué à l'accompli en le mettant à l'imparfait.

Exemple : هو (لعب) في الحديقة. ← (هو) كان يلعب في الحديقة.

a. حبيب وسامية (شاهد) مسرحيّة غنائيّة.

←..

b. هي (درّس) الفلسفة في جامعة القاهرة.

←..

c. المخرج (صوّر) إعلاناً لوكالة سفر.

←..

d. أنتنَّ (قدّم) نشرة الأنباء.

←..

e. أعضاء اللّجنة (انتخب) رئيساً جديداً كلّ عام في شهر أيّار.

←..

f. أنتما (مارس) السّباحة في النّادي الرّياضيّ.

←..

CHAPITRE 5 : L'IMPARFAIT

2 Identifiez le pronom correct dans ces phrases avec des verbes à l'imparfait.

a. كنتُ أعمل في مطبعة قبل تقديم استقالتي. ← ....

b. كانت تحضّر أطباقاً شهيّة لأولادها. ← ....

c. كنَّ يحكنَ الفساتين الفاخرة. ← ....

d. كانتا تسكنان في بيت كبير قرب المتحف. ← ....

e. كنتم تدخّنون السّجائر. ← ....

f. كنتِ تستقبلين أفراد عائلتك العائدين مِن السّفر. ← ....

3 Transformez ces phrases à l'accompli à l'imparfait. Attention à bien positionner le sujet après كان !

a. جلس الضّيوف في غرفة الطّعام لتناول العشاء.
← ....

b. اجتمعت المذيعات لتحضير النّشرة الجوّيّة.
← ....

c. اشترت الوالدة الفواكه الطّازجة مِن السّوق.
← ....

d. استوردت هذه الدّولة النّامية كميّات كبيرة مِن الموادّ الغذائيّة.
← ....

e. شرب سامي وليلى عصير فواكه في مقهى الجامعة.
← ....

f. ذهب أحمد إلى مكتب البريد ليرسلَ طرداً إلى صديقه.
← ....

CHAPITRE 5 : L'IMPARFAIT

4 Mettez ces phrases à l'imparfait à la forme négative en utilisant ما.

a. كانت العطلة تنتهي بسرعة.
←..................................

b. كانوا يزورون جدّتهم كلّ أسبوع.
←..................................

c. كنتُ أعود ظهراً من المكتب إلى البيت لتناول الغداء.
←..................................

d. كان أحمد وسامي يعملان في نفس الشّركة.
←..................................

e. كنتِ تحبّين النّظر إلى غروب الشّمس.
←..................................

f. كانا يبحثان عن شقّة للسّكن في وسط المدينة.
←..................................

Banque de mots

استقالة	démission	صوّر	filmer, photographier
أطباق شهيّة	mets appétissants	غروب الشّمس	coucher du soleil
أعضاء	membres	كمّيّات	quantités
إعلان	annonce	لجنة	comité
الانتخابات البلديّة	élections municipales	مخرج	réalisateur
انتخب	élire	مذيعات	speakerines
أيّار	mai (en Irak, en Jordanie, au Liban, en Palestine et en Syrie)	مسرحيّة غنائيّة	comédie musicale
		مطبعة	imprimerie
حاك	coudre	موادّ غذائيّة	produits alimentaires
دولة نامية	pays en voie de développement	نادٍ رياضيّ	club de sport
		نشرة جوّيّة	bulletin météo
سباحة	natation	وكالة سفر	agence de voyages

31

CHAPITRE 5 : L'IMPARFAIT

5 Mettez ces phrases à l'imparfait à la forme négative en utilisant لم et en transformant les formes de كان à l'apocopé.

a. كنتنَّ تشاركنَ في الانتخابات البلديّة.

← ....

b. كنتُ أكتب مقالات في الصّحيفة.

← ....

c. كنتَ تذهب إلى السّينما مرّتين في الأسبوع.

← ....

d. كنتِ تشترين التّذاكر مباشرةً مِن المحطّة، قبل سفركِ بساعة.

← ....

e. كان زملاؤه يساعدونه في تحضير الاجتماع مع المدير.

← ....

f. كنّا نستريح على الأريكة في غرفة الجلوس.

← ....

مبروك! (*Félicitations !*)
Vous êtes venu(e) à bout du chapitre 5 !
Il est maintenant temps de comptabiliser les icônes et de reporter le résultat en page 128 pour l'évaluation finale.

6
Le plus-que-parfait

Formation du plus-que-parfait

Comme en français, le plus-que-parfait arabe exprime l'antériorité au passé, c'est-à-dire qu'il se réfère à un procès ou une action déjà achevé(e) avant un autre fait ou une autre action décrit(e) à l'accompli. On exprime le plus-que-parfait en utilisant كان dans la forme voulue, suivi du mot قد (*déjà*), et de l'accompli du verbe principal également conjugué dans la forme voulue. Exemple : وصلتُ وهي كانت قد أنهت عملها. ← *Je suis arrivé et elle avait déjà fini son travail.*

Puisque dans cette construction de phrase, le mot de référence est souvent un complément du verbe, il doit être repris dans la phrase subordonnée sous forme de pronom personnel affixe attaché au verbe principal au plus-que-parfait. : أكل علي الكعكة الّتي كان قد اشتراها عند الحلواني. ← *Ali a mangé le gâteau qu'il avait acheté chez le pâtissier.*

Comme pour l'imparfait, la négation du plus-que-parfait peut être construite soit par ما devant كان soit – de façon plus élaborée – par لم suivi de l'apocopé du verbe كان : ما كنّا قد شاركنا. / لم نكن قد شاركنا. ← *Nous n'avions pas participé.*

1 Transformez ces phrases dont le verbe est à l'inaccompli en mettant ce dernier au plus-que-parfait. Exemple : هي تعمل في دبيّ ← هي كانت قد عملتْ في دبيّ.

a. يوافق البنك على القرض المطلوب.

← ....

b. يطرد المدير الموظّف غير الأمين.

← ....

c. يحضّر خبّاز الحيّ الخبز الطازج في الصباح الباكر.

← ....

d. تروي الجدّة لأحفادها قصصاً قرب الموقد.

← ....

e. يصطاد خالي السمك لإطعام عائلته.

← ....

f. يؤجّر المالك شقّته الفاخرة للأثرياء.

← ....

CHAPITRE 6 : LE PLUS-QUE-PARFAIT

2 Ajoutez le pronom personnel correct à ces phrases dont le verbe est au plus-que-parfait.

a. أضاع المسافر الحقيبة التي كان قد أخذ ...... معه.

b. صحّح المعلّم أوراق امتحان الطالبات اللواتي كان قد علّم ...... الشهر الماضي.

c. حدّد المخرج موعداً لعرض المسرحيّة الغنائيّة التي كان قد كتبـ ...... مع زميله.

d. دافع المحامي عن المتّهمين الذين كان قد وعد ...... بحكم البراءة.

e. قدّمت المذيعة البرنامج الذي كانت قد حضرتـ ...... عن البيئة.

f. التزمت السيّدة بنظام الحمية الذي كانت قد وصفتـ ...... لها أخصّائيّة التغذية المعروفة.

3 Créez une phrase en liant deux informations.
Le deuxième verbe doit être au plus-que-parfait. Exemple :

هو علّم المواد. / هو درس المواد في مصر.
← هو علّم المواد الّتي كان قد درسها في مصر.

a. هي اشترت الفستان الأخضر. / هي اختارت الفستان الأخضر عند مصمّم أزياء مشهور.

← ....

b. الوالدة لم تأخذ معها إلى الدكّان لائحة المشتريات. / الوالدة وضعت لائحة المشتريات على الطاولة.

← ....

c. استقبل مدير كلّيّة الآداب الطلّاب الجدد. / الطلّاب الجدد نجحوا في امتحان الدخول.

← ....

d. شربتُ الشاي بالنعناع. / أمّي حضّرت الشاي بالنعناع.

← ....

e. رحّبت المضيفة بالراكبات. / الراكبات وصلنَ إلى الطائرة.

← ....

f. حضّر الطبّاخ الوصفتين. / وجد الطبّاخ الوصفتين في كتاب الطهي المغربيّ.

← ....

CHAPITRE 6 : LE PLUS-QUE-PARFAIT

4 Mettez ces phrases au plus-que-parfait à la forme négative en utilisant ما.

a. كنتُ قد زرتُ آثارات بعلبك عندما ذهبتُ إلى لبنان.

← ....

b. كنتما قد قدّمتما طلباً للحصول على تأشيرة دخول إلى أميركا.

← ....

c. كان الطبيب قد وصف دواء للمريض.

← ....

d. كنّا قد قرأنا المجلّة.

← ....

e. كانت الرسّامة قد باعت لوحاتها في المعارض الكبرى.

← ....

f. كنتم قد اشتريتم تذاكركم عندما أعلنت شركة السفر عن العرض الخاصّ.

← ....

5 Mettez ces phrases au plus-que-parfait à la forme négative en utilisant لم et en transformant les formes de كان à l'apocopé.

a. كانت الطبيبة قد استأصلت الورم.

← ....

b. كنتنّ قد شاركتنّ في مهرجان الموسيقى الكلاسيكيّة.

← ....

c. كانوا قد ربحوا كأس العالم لكرة القدم.

← ....

d. الزبائن كانوا قد توقّفوا عن الذهاب إلى دكّان الحيّ عندما فتح المركز التجاري الكبير.

← ....

e. كان ساعي البريد قد ترك الطرد عند البوّاب.

← ....

f. السائقان كانا قد أضاعا رخصة القيادة.

← ....

35

CHAPITRE 6 : LE PLUS-QUE-PARFAIT

Banque de mots

اختارَ	choisir
أخصّائيّة التغذية	diététicienne
أضاعَ	perdre
إطعام	fait de nourrir
بوّاب	gardien (d'immeuble)
البيئة	environnement, écologie
التزمَ بـ	se conformer à
توقّفَ عن	arrêter de
ثريّ / أثرياء	fortuné(s)
حكم البراءة	acquittement
راكبة / راكبات	passagère(s)
رخصة القيادة	permis de conduire
رسّام / رسّامة	peintre
روى	raconter
ساعي البريد	facteur
صحّحَ	corriger
طردَ	licencier, chasser
عرض	présentation
عرض خاصّ	offre spéciale
غير أمين	malhonnête
في الصباح الباكر	tôt le matin
قرض	prêt (bancaire)

كأس العالم	Coupe du monde
كتاب الطهي	livre de cuisine
لائحة مشتريات	liste de courses
مالك / مالكة	propriétaire
متّهم / متّهمون	accusé(s)
مركز تجاريّ	centre commercial
مصمّم أزياء	créateur de mode
مضيفة	hôtesse
موسيقى كلاسيكيّة	musique classique
موقد	cheminée
نظام الحمية	diète, régime
ورم	tumeur
وصفة	recette

مبروك! (Félicitations !)
Vous êtes venu(e) à bout du chapitre 6 !
Il est maintenant temps de comptabiliser les icônes et de reporter le résultat en page 128 pour l'évaluation finale.

Le passif

L'arabe possède une distinction très claire entre la voix active et la voix passive d'un verbe. On entend par cette dernière une forme intransitive d'un verbe transitif. Le sujet reçoit dans cette construction exactement le même rôle que l'objet de la version transitive. La grammaire arabe connaît deux constructions pour former le passif. D'un côté, les dérivations V, VII, VIII et rarement X, expriment souvent le passif ou le réfléchi-passif. C'est le cas pour عَقَدَ (tenir) et اِنْعَقَدَ (être tenu) ou قَطَعَ (couper) et اِنْقَطَعَ (être coupé) et beaucoup d'autres verbes. Pourtant, ces dérivations n'expriment pas toujours la notion passive.

La vraie construction passive des verbes de base se fait essentiellement par le changement du schéma vocalique. Là où la forme active suit le schéma **fatha-fatha / kasra / damma-fatha** à l'accompli et **fatha-fatha / kasra / damma-damma** à l'inaccompli, celui-ci devient pour la forme passive **damma-kasra-fatha** à l'accompli et **damma-fatha-damma** à l'inaccompli. Comparez :

	l'accompli	l'inaccompli
forme active	كَتَبَ *il a écrit*	يَكْتُبُ *il écrit*
forme passive	كُتِبَ *il a été écrit*	يُكْتَبُ *il est écrit*

Si le verbe a un complément direct à l'actif, celui-ci prend la place du sujet (au cas sujet) au passif : فَتَحَ البابَ *Il a ouvert la porte* → فُتِحَ البابُ *La porte a été ouverte.*

 Complétez le tableau suivant avec les formes correctes du passif.

voix passive à l'inaccompli	voix passive à l'accompli	voix active
		سَمِعَ
		شَرَحَ
		شَرِبَ
		ضَرَبَ
		فَهِمَ
		كَسَرَ
		رَبَطَ

CHAPITRE 7 : LE PASSIF

2 Transformez ces phrases simples au passif.
Exemple : رَسَمَ لوحةً. ← رُسِمَتْ لوحةٌ.

a. كَتَبَ المقالَ. ← ....

b. شربَ القهوةَ. ← ....

c. كَسَرَت المرآةَ. ← ....

d. حَذَفْنا الصّورةَ. ← ....

e. دَرَسْتُما قاعدةَ النّحو. ← ....

f. حَضَنَت الأطفالَ. ← ....

Le passif des verbes assimilés

Les verbes assimilés – c'est-à-dire ceux dont la première consonne est un و à l'accompli – maintiennent ce و aussi au passif : وَجَدَ (il a trouvé), يَجِدُ (il trouve) → وُجِدَ (il a été trouvé), يُوجَدُ (il est trouvé = il se trouve).

3 Trouvez les formes du passif à l'accompli et à l'inaccompli de ces verbes.

a. وَزَنَ : .... / يَزِنُ : ....

b. وَهَبَ : .... / يَهَبُ : ....

c. وَضَعَ : .... / يَضَعُ : ....

d. وَرَثَ : .... / يَرِثُ : ....

e. وَصَلَ : .... / يَصِلُ : ....

f. وَعَدَ : .... / يَعِدُ : ....

CHAPITRE 7 : LE PASSIF

4 En vous aidant des réponses de l'exercice précédent, mettez les phrases suivantes à la voix passive (sans préciser le complément d'agent).

a. وَزَنَ البائع الفواكه. ← ....

b. يهبُ المحسن أملاكه للفقراء. ← ....

c. وَضَعْنَ الفساتين في الخزانة. ← ....

d. وَرَثَتْ زوجته البيت الكبير. ← ....

e. وَصَلْنا الحبلَين. ← ....

f. يَعِدان الأولاد بالسّفر إلى البحر الأحمر. ← ....

Le complément d'agent

Pour exprimer le complément d'agent dans une phrase passive, l'arabe fait appel aux locutions comme من قِبَل، من طرف ou على يد, qu'on pourrait traduire par *par*. Après ces prépositions, les mots se mettent au cas indirect. Exemple :

حُكِمَ على اللّصوص بالحبس من قِبَل القاضي.
→ *Les voleurs ont été condamnés à la prison par le juge.*

5 Mettez ces phrases au passif en utilisant les locutions entre parenthèses. Attention au temps des verbes !

a. حَجَزَت المسافرة غرفة في فندق رخيص. (من قِبَل)

← ....

b. نَجْلِبُ لأمّي هديّة ثمينة. (من طرف)

← ....

c. رَفَضَ البنك طلب القرض. (من طرف)

← ....

d. يَدْفَعُ المواطنون الضَّرائب. (على يد)

← ....

e. فَتَحَ الأولاد علبة الشوكولاتة. (على يد)

← ....

f. نَشَرَت الكاتبة رواية جديدة. (من قِبَل)

← ....

6 Mettez ces phrases au passif à la voix active. Attention au temps des verbes !

a. صُنِعَ أثاث المنزل على يد نجّاري الحيّ.

← ....

b. سُرِقَ عقد اللّؤلؤ من قِبَل الخادمة غير الأمينة.

← ....

c. غُسِلَت الصّحون الوسخة على يد الأخت الكبرى.

← ....

d. وُضِعَ المال على الحساب المصرفيّ من طرف هاني.

← ....

e. تُكْتَبُ دروس التاريخ والجغرافيا على اللّوح من قبل المعلّمين.

← ....

f. نُظِمَت القصيدة من قِبَل الشّاعر المعروف.

← ....

CHAPITRE 7 : LE PASSIF

 Lisez ce petit article de presse, identifiez les phrases qui sont à la voix passive puis réécrivez le texte en les mettant à la voix active.

طُلِبَ مِن رُكّاب الطّائرة الّتي كانت متّجهة إلى القاهرة اليوم، مِن طرف الطّاقم، النّزول. فقد وُضِعَت هذه الطّائرة مِن قِبَل شركة الطّيران، مِن دون إنذار سابق، على لائحة الطّائرات المشاركة في الرّحلة الرّسميّة لرئيس الجمهوريّة إلى نيويورك. لذلك، نُشِرَ الخبر عبر مواقع التّواصل الاجتماعيّ على يد الرّكّاب المستائين. وكُتِبَ جواب على يد المسؤولين يؤكّد أنّ مقاعد قد حُجِزَت مِن قِبَل الشّركة لتأمين رحلة جديدة إلى القاهرة بأسرع وقت.

Formation du passif des verbes dérivés

Théoriquement, le schéma vocalique du passif peut être appliqué à toutes les dérivations verbales. Pourtant, en réalité ce n'est le cas que pour les verbes des formes transitives, majoritairement les dérivations II, III, IV, VIII et X. Consultez ce tableau indiquant les formes en ف – ع – ل :

	l'accompli	l'inaccompli
dérivation II	فُعِّلَ	يُفَعَّلُ
dérivation III	فوعِلَ	يُفاعَلُ
dérivation IV	أُفْعِلَ	يُفْعَلُ
dérivation VIII	أُفْتُعِلَ	يُفْتَعَلُ
dérivation X	أُسْتُفْعِلَ	يُسْتَفْعَلُ

CHAPITRE 7 : LE PASSIF

8 Complétez le tableau suivant avec les formes correctes du passif de ces verbes dérivés.

voix passive à l'inaccompli	voix passive à l'accompli	voix active
		رَتَّبَ
		قابَلَ
		أَرْسَلَ
		اِسْتَلَمَ
		اِسْتَقْبَلَ
		دَرَّسَ
		اِسْتَعْمَلَ

9 Mettez les phrases suivantes contenant des verbes dérivés à la voix passive en employant la locution على يد.

a. ← عالَجَ الطبيب المحسن المريض مجّاناً.

b. ← حَضَّرَ طاهي الفندق الأطباق الشّهيّة.

c. ← اِسْتَخْرَجَ التّلاميذ الأمثلة من النّصّ.

d. ← رقَّصَ الوالد ابنته في يوم عرسها.

e. ← أَرْسَلَت صديقتي طرداً إلى سامية.

f. ← أَجْلَسَنا النّادل قرب النّافذة في المطعم.

CHAPITRE 7 : LE PASSIF

10 Mettez les verbes de ces phrases à la voix passive, à l'inaccompli.

a. كُرِّمَ الضّيوف على يد العائلة.

← ....

b. أُسْتُخْدِمَت الغسّالة طيلة النّهار.

← ....

c. شوهِدَت المسرحيّة من قِبَل المخرجين.

← ....

d. أُحْتُرِمَ المحسنون لأعمالهم الصّالحة.

← ....

e. أُسْتُكْمِلَت دراسته الجامعيّة.

← ....

f. أُنْتُظِرَت نتيجة الامتحان بفارغ الصّبر من قِبَل الطّلّاب.

← ....

Banque de mots

أثاث	meubles	ثمين	cher, de valeur
استعملَ	utiliser	جغرافيا	géographie
الأخت الكبرى	sœur aînée	حبل	corde
أمثلة	exemples	حذفَ	supprimer
أملاك	biens	حساب مصرفيّ	compte bancaire
بأسرع وقت	le plus vite possible	حضنَ	serrer dans ses bras
بائع	vendeur	ربطَ	lier, nouer
بفارغ الصّبر	avec impatience	رئيس الجمهوريّة	Président de la République
تاريخ	histoire		

CHAPITRE 7 : LE PASSIF

Banque de mots

شركة الطّيران	compagnie aérienne	محسن	bienfaiteur
طاقم الطّائرة	équipage	مستاء	contrarié
طيلة النّهار	toute la journée	مقعد / مقاعد	siège(s)
عبر	à travers	من دون إنذار سابق	sans préavis
عقد لؤلؤ	collier de perles	مواقع التّواصل الاجتماعيّ	réseaux sociaux
عمل صالح / أعمال صالحة	œuvre(s) charitable(s)	نتيجة	résultat
غسّالة	lave-linge	نظمَ قصيدة	composer un poème
قاعدة النحو	règle de grammaire	وصلَ	relier, raccorder
لوح	tableau	وضعَ	mettre
متّجهة	se dirigeant vers		
مجّاناً	gratuitement		

مبروك! (Félicitations !)
Vous êtes venu(e) à bout du chapitre 7 !
Il est maintenant temps de comptabiliser les icônes et de reporter le résultat en page 128 pour l'évaluation finale.

Les participes verbaux

Les participes verbaux actifs et passifs

En théorie, on peut dériver de chaque verbe arabe un participe actif et un participe passif. Par « participe actif », on entend celui qui fait l'action et qui peut avoir une valeur purement verbale (comme le participe présent utilisé au gérondif) ou être utilisé comme un adjectif ou un nom. Le participe passif, quant à lui, est le résultat de l'action et peut, dans la plupart des cas, être traduit par le participe passé français, bien qu'il possède également des valeurs d'adjectif ou de nom.

Le participe actif des verbes de base suit le schéma فاعِل et celui du participe passif le schéma مَفْعول. On a donc pour كَتَبَ (*écrire*), les participes كاتِب (actif : *en écrivant, écrivain*) et مَكْتوب (passif : *écrit*). Tous les participes peuvent créer des formes au féminin (كاتِبة، مَكْتوبة) et au pluriel – souvent formé de façon interne – comme pour كُتّاب (*écrivains*).

❶ Créez des participes verbaux à partir des verbes suivants.

participe passif	participe actif	
		حمَدَ
		جرحَ
		شربَ
		ربطَ
		رفعَ
		حضنَ
		حذفَ

45

CHAPITRE 8 : LES PARTICIPES VERBAUX

2 Groupez les participes actifs et passifs et identifiez la racine verbale adéquate.

منسوج، لابس، مشروح، ناسخ، ناشر، معلومة، عالمة، ملبوس، مربوح، منسوخ، شارح، رابح، ناسج، منشور

participe passif	participe actif	racine

Le participe actif avec fonction verbale d'annexion

À part sa valeur d'adjectif ou de nom, le participe actif a souvent une fonction verbale d'annexion, qui peut souvent être traduite par le gérondif français : دخل وضحك ← *Il est entré et il a ri* ; دخل ضاحكاً ← *Il est entré en riant*. Dans cette phrase, le mot ضاحكاً indique l'état de la personne au moment des faits. Il est donc appelé حال (complément d'état). Le complément d'état se met au cas direct. Pour les verbes de mouvement, le participe actif a presque toujours le sens d'un gérondif : إلى أين أنتَ ذاهب؟ ← *Tu es en train d'aller où ?*

3 Liez les actions des phrases suivantes en créant une seule phrase.

Exemple : هو يكتب رسالة جالساً. ← هو يجلس. هو يكتب رسالة.

a. هي تنتظر صديقتها في ردهة الفندق. هي تقف.

← ....

b. عبّر العمّال عن استيائهم بعد طرد زميلهم. نشر العمّال الخبر عبر مواقع التّواصل الاجتماعيّ.

← ....

CHAPITRE 8 : LES PARTICIPES VERBAUX

c. أغمضت الفتاة عينيها. هي تحلم بمستقبل زاهر.

← ....

d. ينظر الطّالب إلى ورقة زميله. ينسخ الطّالب الأجوبة على أسئلة الامتحان.

← ....

e. توجّه السّجينات رسالة إلى رئيس الجمهوريّة. تطلب السّجينات العفو.

← ....

f. هنّ يهاجرنَ من وطنهنّ. هنّ يرحلنَ إلى غير رجعة.

← ....

4 Choisissez la bonne réponse parmi les propositions entre parenthèses.

a. حُكِمَ على (القاتل / المقتول) بالسّجن المؤبّد.

b. قرأنا ما هو (كاتب / مكتوب).

c. جلب لكما النّادل (شارباً / مشروباً).

d. قام (الباحث / المبحوث) باكتشاف عظيم.

e. انتقد الصّحافي مقال زميله (النّاشر / المنشور) في جريدة اليوم.

f. هما (راجعان / مرجوعان) من سفر طويل.

Participes des verbes irréguliers

Les participes dérivés des verbes présentant des irrégularités suivent des schémas légèrement différents. Pour les verbes dont la deuxième et la troisième consonnes sont identiques, on a فاعّ à l'actif et مَفْعوع au passif : جافّ (sec, de جَفَّ sécher) et مَحْبوب (aimé, de حَبَّ, aimer).

CHAPITRE 8 : LES PARTICIPES VERBAUX

5 Trouvez les participes verbaux des verbes suivants.

participe passif	participe actif	
		شدَّ
		ردَّ
		مدَّ
		صدَّ
		عدَّ
		همَّ
		سمَّ

Participes des verbes hamzés

Les verbes hamzés préservent la hamza à l'actif et au passif, par exemple : قارئ (lecteur, de قَرَأ, lire) et مأخوذ (pris, de أَخَذَ, prendre). Attention, lorsque la **hamza** de la racine est en initiale, cette dernière se transforme en **'alif mamdoûda** lors de la formation du participe actif, exemple : آكل (mangeur, de أكل, manger).

6 Identifiez les participes actifs ou passifs des verbes hamzés dans les phrases suivantes et trouvez leur racine.

a. فقد اليائس صفاء الذّهن. ← ....

b. أعطني الإناء المملوء بعصير اللّيمون. ← ....

c. انتقدت القارئة كتاب المحلّل السّياسيّ. ← ....

d. البادئ بعمل ما يجب أن ينهيه. ← ....

e. إنّ هذا النّصّ مأخوذ من كتاب "كليلة ودمنة" الّذي ترجمه ابن المقفّع. ← ....

f. يرفض عزيز النّفس أن يعيش مأموراً. ← ....

CHAPITRE 8 : LES PARTICIPES VERBAUX

Les participes des verbes assimilés

Les verbes assimilés maintiennent le و à l'actif ainsi qu'au passif : وَالِد (*père*), وَالِدة (de وَلَدَ, *accoucher* et مولود, *nouveau-né*) ; مَوْجود (*présent*, de وَجَدَ, *trouver*), etc.

 7 Trouvez dans le tableau les participes passifs ou actifs des verbes suivants.

a. Participe actif du verbe وزنَ.
b. Participe passif du verbe وعدَ.
c. Participe actif du verbe وصلَ.
d. Participe passif du verbe ولدَ.
e. Participe actif du verbe وصفَ.
f. Participe passif du verbe وضعَ.

و	ا	ز	ن	غ	آ
ا	و	ص	ة	ب	م
ص	ز	م	ؤ	ل	و
ف	ج	و	ا	ص	ل
ه	ظ	ض	ق	ا	و
ء	م	و	ع	و	د
خ	ك	ع	ذ	ف	ت

Les participes des verbes concaves

Les verbes concaves ajoutent une **hamza** à l'actif, suivant le schéma فاعِل. Exemple : زائِر (*visiteur*, de زارَ، يَزورُ, *visiter*).

Au passif, le schéma pour un verbe qui a (à l'inaccompli) un و au milieu est مَفول : مَلوم (*blâmé*, de لامَ، يَلومُ, *blâmer*). Cependant, si le verbe a un ي au milieu, le schéma est مَفيل : مَبيع (*vendu*, de باعَ، يَبيعُ, *vendre*).

49

CHAPITRE 8 : LES PARTICIPES VERBAUX

8 Identifiez les participes actifs ou passifs des verbes concaves dans les phrases suivantes et trouvez leur racine.

a. هو صائم في شهر رمضان. ← ....

b. نحن نائمون في غرفة الطابق العلويّ. ← ....

c. البحر هائج في هذا الفصل. ← ....

d. ارتفعت نسبة المبيعات في المركز التّجاريّ لهذا الموسم. ← ....

e. قدّم المزوّرون قهوة بالهيل للضّيوف. ← ....

f. هنّأ منظّم المسابقة الرّياضيّة الفائزين. ← ....

Le participe des verbes défectueux

Pour les verbes défectueux, le participe actif a le schéma فاعٍ, c'est-à-dire que nous remplaçons le و ou ي final par le **tanwîn kasra** et, par conséquent, le nom créé est considéré comme un nom de racine défectueuse (voir chapitre 12) : ماشٍ (*marchant, piéton*, de مَشى، يَمْشي, *marcher*). Au passif, le schéma pour un verbe qui a (à l'inaccompli) un و à la fin est مَفْعُوّ : مَدْعُوّ et, pour celui qui a un ي ou ى à la fin, c'est مَفْعِيّ (*invité*, de دعا، يدعو, *inviter*) et مَنْسِيّ (*oublié*, de نَسِيَ، يَنسى, *oublier*). Au féminin, on restaure le ي avant le rajout de la **tâ' marboûta** : ماشية.

9 Identifiez les participes actifs ou passifs des verbes défectueux dans les phrases suivantes et trouvez leur racine.

a. أضاع راعٍ خروفاً من قطيعه. ← ....

b. استعدنا الذّكريات المنسيّة. ← ....

c. أنا مدعوّ إلى حفل افتتاح معرض الكتاب. ← ....

d. واست الأمّ طفلتها الباكية. ← ....

e. تستمرّ الصّداقات المبنيّة على الإخلاص. ← ....

f. وجدتما أوراقاً مهمّة مرميّة في الشّارع. ← ....

CHAPITRE 8 : LES PARTICIPES VERBAUX

 Trouvez le participe actif ou passif demandé dans chacune des définitions ci-dessous.

a. Participe actif du verbe شكا، يشكو (*se plaindre*) : ....

b. Participe passif du verbe نهى، ينهى (*interdire*) : ....

c. Participe actif du verbe رضِيَ، يرضى (*consentir, accepter*) : ....

d. Participe actif du verbe بَقِيَ، يَبْقى (*rester*) : ....

e. Participe passif du verbe عَلا، يَعْلو (*s'élever*) : ....

f. Participe actif du verbe دَنا، يَدْنو (*s'approcher*) : ....

Banque de mots

إخلاص	fidélité			
استعادَ الذّكريات	se rappeler les souvenirs			
استياء	insatisfaction, mécontentement			
أغمض عينيه	fermer les yeux	ردهة	hall
اكتشاف	découverte	رفع	hausser, élever
إلى غير رجعة	sans retour	زاهر	brillant, florissant
إناء	récipient	سجين	prisonnier
انتقد	critiquer	سمَّ	empoisonner
بحر هائج	mer agitée	شدَّ	serrer
جرحَ	blesser	صدَّ	empêcher, arrêter, éviter
حفل افتتاح	fête d'inauguration	صفاء الذّهن	sérénité
خروف	mouton	طابق علويّ	étage supérieur
حمدَ	louer, faire l'éloge de	عدَّ	compter
راعٍ	berger	عزيز النّفس	digne
ردَّ	rendre quelque chose, répondre	العفو	amnistie
		فائز	gagnant

CHAPITRE 8 : LES PARTICIPES VERBAUX

Banque de mots

فقد	perdre		نسجَ	tisser
قطيع	troupeau		نسخَ	copier
مبنيّ	bâti		همَّ	accabler
محلّل سياسيّ	analyste politique		هنّأ	féliciter
مدَّ	tendre, allonger		هيل	cardamome
معرض الكتاب	Salon du livre		واسى	consoler
مملوء	rempli		وجّه رسالة	adresser une lettre ou un message
مُنظِّم	organisateur		وصفَ	décrire
مؤبّد	à perpétuité		يائس	désespéré
موسم	saison			
نائم	celui qui dort			

مبروك! (Félicitations !)
Vous êtes venu(e) à bout du chapitre 8 !
Il est maintenant temps de comptabiliser les icônes et de reporter le résultat en page 128 pour l'évaluation finale.

Les participes des verbes dérivés

Formation des verbes dérivés

Les verbes dérivés forment les participes actif et passif selon des schémas très concrets. Pour la dérivation VII – qui constitue dans beaucoup de cas un passif, le participe passif est très rare et pour la dérivation IX, il est inusité. Voici un tableau avec toutes les formes sur la base ف – ع – ل :

	le participe passif	le participe actif
dérivation II	مُفَعَّل	مُفَعِّل
dérivation III	مُفاعَل	مُفاعِل
dérivation IV	مُفْعَل	مُفْعِل
dérivation V	مُتَفَعَّل	مُتَفَعِّل
dérivation VI	مُتَفاعَل	مُتَفاعِل
dérivation VII	(مُنْفَعَل)	مُنْفَعِل
dérivation VIII	مُفْتَعَل	مُفْتَعِل
dérivation IX	مُفْعَلّ	---
dérivation X	مُسْتَفْعَل	مُسْتَفْعِل

1 Créez des participes verbaux à partir des verbes suivants.

participe passif	participe actif	
		اجتمَع
	---	احمرَّ
		استهلكَ
		أنقذَ
		انكسرَ
		تحرّكَ
		تعاقبَ
		راجعَ
		فضّلَ

CHAPITRE 9 : LES PARTICIPES DES VERBES DÉRIVÉS

2 Trouvez le verbe dérivé correspondant à l'accompli pour chaque paire de participes actif et passif.

a. مُحَلِّل – مُحَلَّل ← ....

b. مُصْلِح – مُصْلَح ← ....

c. مُسْتَخْرِج – مُسْتَخْرَج ← ....

d. مُسابِق – مُسابَق ← ....

e. مُتَسَلِّق – مُتَسَلَّق ← ....

f. مُتَقاسِم – مُتَقاسَم ← ....

3 Liez les actions des phrases suivantes en créant une seule phrase. Exemple :
هو خرج مِن المنزل. هو ابتسم. ← هو خرج مِن المنزل مُبتَسِماً.

a. وجّه الموظّف رسالة إلى المدير. أعلنَ فيها استقالته.

← ....

b. بانت أشعّة الشّمس من خلف الغيوم. انعكست على زجاج النّافذة.

← ....

c. صاحَ الأخ المستاء في وجه أخيه. تنازلَ عن حصّته في ميراث أبيهما.

← ....

d. عاد المهاجرون إلى الوطن. استثمروا في مشاريع ضخمة.

← ....

e. سقطت أوراق الشّجر في الخريف. اصفرّت أوراق الشّجر.

← ....

f. عبّرنا عن ندمنا على ما فعلناه. اعتذرنا من المتضرّر.

← ....

CHAPITRE 9 : LES PARTICIPES DES VERBES DÉRIVÉS

 Trouvez dans le tableau la racine des participes actifs ou passifs suivants.

a. مُساعِد   c. مُعْتَقَد   e. مُخْرِج

b. مُتَناسِب   d. مُسْتَهْدَف   f. مُجادِل

أ	خ	ر	ج	ص	ا
ظ	ح	ث	ا	ث	ع
ص	ظ	ي	د	ق	ت
آ	د	ب	ل	ف	ق
و	ت	ر	ب	س	د
ف	ن	ت	ل	ا	ض
ه	ا	ك	ة	ع	غ
ا	س	ت	ه	د	ف
ء	ب	ر	ج	د	ع

 Formez le participe actif ou passif, selon les instructions ci-dessous.

a. Participe passif du verbe نظَّفَ : ....

b. Participe passif du verbe أدرجَ : ....

c. Participe actif du verbe ناقشَ : ....

d. Participe passif du verbe اخضرَّ : ....

e. Participe passif du verbe تذكَّرَ : ....

f. Participe actif du verbe حرَّكَ : ....

CHAPITRE 9 : LES PARTICIPES DES VERBES DÉRIVÉS

6 Relevez les participes actifs et passifs des verbes dérivés dans le texte suivant, notez-les dans le tableau dans la colonne correspondante et identifiez leur racine.

مُخْرِج المسرحيّة مُكَلَّف بتجهيز العرض المُقَرَّر ليوم الخميس المُقْبِل. هو مُنْهَمِك بالتَّحضير مع المُمَثِّلين المُدَرَّبين على الأدوار. ها هو يُعطيهم إرشاداته، مُقْتَرِحاً تعديل بعض الحركات في الرّقصة المُقَدَّمَة، مُسْتَبْدِلاً جملة بجملة أخرى في النّص. يبذل كلّ جهده كي يؤمّن للمُشاهِد عرضاً مسرحيّاً مُمْتِعاً.

participe passif	participe actif	racine

Banque de mots

إرشادات	instructions
أمَّنَ	assurer, garantir
بذلَ كلّ جهده	faire tout son possible, déployer tous ses efforts
تعديل	modification
جملة	phrase, réplique
حركات رقصة	pas de danse

CHAPITRE 9 : LES PARTICIPES DES VERBES DÉRIVÉS

Banque de mots

حصّة	part		مُتَضَرِّر	celui qui a été lésé
الخريف	automne		مُدَرَّب	entraîné
خلف	derrière		مستبدلاً	remplaçant
الخميس المقبل	jeudi prochain		مُقَدَّمَة	présentée
دور / أدوار	rôle(s) (dans ce contexte)		مُكلّف بـ	chargé de
شعاع / أشعّة	rayon(s)		مُمْتِع	agréable, plaisant
ضخم	grand		مُنْهَمِك	occupé
غيمة / غيوم	nuage(s)		ميراث	héritage

مبروك! (*Félicitations !*)
Vous êtes venu(e) à bout du chapitre 9 !
Il est maintenant temps de comptabiliser
les icônes et de reporter le résultat
en page 128 pour l'évaluation finale.

10
Les verbes quadrilitères et leurs dérivations

La majorité des verbes arabes est basée sur une racine trilitère, c'est-à-dire composée de trois consonnes. Il existe tout de même quelques verbes qui ont quatre consonnes radicales. Il s'agit des verbes quadrilitères. Dans ce groupe de verbes, on trouve beaucoup d'onomatopées – dont les syllabes sont redoublées – comme رَفْرَفَ، يُرَفْرِفُ (*onduler, flotter*), mais aussi des verbes créés artificiellement, basés sur des substantifs étrangers, comme تَلْفَنَ، يُتَلْفِنُ (*téléphoner*). La conjugaison des verbes quadrilitères ne pose pas de problèmes et suit toujours le modèle فَعْلَلَ، يُفَعْلِلُ.

1 Conjuguez ces verbes quadrilitères à l'accompli.

تلفن	برهن	
		أنا
		أنتَ
		أنتِ
		هو
		هي
		نحن
		أنتم
		أنتنّ
		هم
		هنّ
		أنتما
		هما

CHAPITRE 10 : LES VERBES QUADRILITÈRES ET LEURS DÉRIVATIONS

2 Conjuguez ces verbes quadrilitères à l'inaccompli.

	ثرثر	زحزح	
			أنا
			أنتَ
			أنتِ
			هو
			هي
			نحن
			أنتم
			أنتنّ
			هم
			هنّ
			أنتما
			هما

3 Identifiez les verbes quadrilitères dans les phrases suivantes et trouvez leur racine.

a. هي تُوَشْوِشُ أمّها حتّى لا يسمعها أخوها. ← ....

b. استطاع أن يُسَيْطِرَ على نفسه قبل فوات الأوان. ← ....

c. المشاهدون قهقهوا عندما زلقت قدم الممثّل المسكين على خشبة المسرح. ← ....

d. عرقلنا مشروعهم ولم نندم على ذلك! ← ....

e. هو دائماً يُفَلْسِفُ الأمور! ← ....

f. زحزحا الحجر الّذي كان يسدّ الطّريق. ← ....

CHAPITRE 10 : LES VERBES QUADRILITÈRES ET LEURS DÉRIVATIONS

4 Réécrivez les phrases suivantes en mettant les verbes quadrilitères à l'inaccompli.

a. تأتأ الولد عند إلقاء القصيدة.

← ....

b. ضعضعت إفادة الشّاهد موقف المتّهم في القضيّة.

← ....

c. غرغرتم بالماء السّاخن لأنّ حلقكم يؤلمكم.

← ....

d. جلجلَ صوته في أرجاء المنزل.

← ....

e. خشخشت أوراق الشّجر في مهبّ الرّيح.

← ....

f. غمغموا كلمات مبهمة.

← ....

Les masdars des verbes quadrilitères

La plupart des verbes quadrilitères construisent leurs **masdars** (*noms d'action*) sur le modèle فَعْلَلَة, parfois فِعْلِلَة, mais aussi sur le modèle فُعْلَال ou فِعْلَال.

CHAPITRE 10 : LES VERBES QUADRILITÈRES ET LEURS DÉRIVATIONS

5 Trouvez les masdars de ces six verbes quadrilitères dans cette grille.

برهن / ترجم / ثرثر / زلزل / سلسل / عرقل

س	ب	غ	آ	ء
ل	ا	ز	ل	ز
س	ض	ش	ك	ظ
ل	ث	ت	ب	ل
ة	م	ج	ر	ت
ا	ه	ر	ه	ب
ؤ	ث	خ	ا	د
ذ	ر	ة	ن	ع
أ	ث	ظ	ث	ه
ي	ر	ى	ط	ج
ة	ة	ق	ر	ع
ث	س	ز	ل	ز
ة	ل	ق	ر	ع

Banque de mots

إفادة الشّاهد	témoignage
إلقاء قصيدة	fait de réciter un poème
برهان	preuve
برهن	prouver, démontrer
تأتأ	bégayer
ترجمة	traduction
تلفز	regarder la télévision
ثرثر	bavarder
ثرثرة	bavardage
جلجل	retentir, résonner

حلق	gorge
خشبة المسرح	scène
خشخش	bruisser
زحزح	déplacer
زلزال	tremblement de terre
زلزل	effrayer, ébranler, faire trembler
زلقت قدمه	il a trébuché
ساخن	chaud
سدّ الطّريق	barrer la route

CHAPITRE 10 : LES VERBES QUADRILITÈRES ET LEURS DÉRIVATIONS

Banque de mots

سلسل	sérier, enchaîner, verser	في مهبّ الرّيح	dans le souffle du vent
سلسلة	série, chaîne	قبل فوات الأوان	avant qu'il ne soit trop tard
سيطر	contrôler, dominer	قضيّة	procès
سيطر على نفسه	se maîtriser	قهقه	éclater de rire
ضعضع	affaiblir, détériorer	مبهم	confus/e, inintelligible
عرقل	compliquer, entraver	مسكين	pauvre, malheureux
عرقلة	obstacle	موقف	position (dans ce contexte)
غرغر	se gargariser	وشوش	chuchoter
غمغمَ	bredouiller		
فلسف الشّيء	philosopher		
في أرجاء المنزل	dans tous les recoins de la maison		

مبروك! (Félicitations !)
Vous êtes venu(e) à bout du chapitre 10 !
Il est maintenant temps de comptabiliser les icônes et de reporter le résultat en page 128 pour l'évaluation finale.

D'autres particularités des verbes

Dans ce chapitre, on traitera des verbes d'existence, des verbes inchoatifs et des verbes d'imminence, qui ont en commun de pouvoir tous être suivis d'un autre verbe juxtaposé.

> ## Le verbe كان et ses sœurs
>
> On a déjà vu le verbe كان à l'accompli et on sait que ce verbe n'est pas utilisé au présent, car la phrase nominale le remplace (ou se substitue à lui) :
> أنا في القاهرة. ← أنا كنت في القاهرة. *J'étais / J'ai été au Caire* → *Je suis au Caire*.
>
> La forme de l'inaccompli est réservée pour former le futur :
> أنا (سوف) أكون / سأكون في القاهرة. → *Je serai au Caire.*
>
> En ce qui concerne la négation de كان, on a le choix entre ما et l'accompli ou لم et l'inaccompli apocopé pour le passé :
> (أنا) ما كنت في القاهرة. / لم أكُنْ في القاهرة. → *Je n'étais pas / Je n'ai pas été au Caire.*
>
> Pour le futur, on a لا et l'inaccompli (mais cette forme n'est pas très répandue) ou لن et le subjonctif : لا أكونُ في القاهرة. / لن أكونَ في القاهرة. → *Je ne serai pas au Caire.*
>
> La phrase nominale est normalement niée par l'auxiliaire ليس : (أنا) لستُ في القاهرة.
> → *Je ne suis pas au Caire.*

1 Complétez les phrases suivantes avec la forme correcte du verbe كانَ parmi ces propositions : كانت ـ كنتم ـ كانَ ـ كانتا ـ كانا ـ كانوا

a. .... البردُ قارساً.

b. أنتم .... متأكّدين من أنّه قدّم استقالته.

c. ليلى وآمال .... في ردهة الفندق عندما وصلت سيّارة الأجرة.

d. هم .... مقتنعين برأي والدتهم.

e. رامي وهاني .... طالبَيْن مجتهدَيْن.

f. .... الدّول العربيّة مجتمعة لدراسة كيفيّة تمويل المشاريع الإقليميّة.

CHAPITRE 11 : D'AUTRES PARTICULARITÉS DES VERBES

2 Corrigez les erreurs qui figurent dans les phrases suivantes.

a. لن تكونون في المطار لاستقباله عند وصوله من دُبي.

← ....

b. ما كُنتِ في المكتب غداً لحضور الاجتماع.

← ....

c. لن تكونا في حفلة انتخاب ملكة الجمال البارحة.

← ....

d. مصمّمو الأزياء كنَّ في مهرجان الموضة في باريس الأسبوع الفائت.

← ....

e. كان الفارابي فيلسوف مشهور.

← ....

f. لم يكونون واثقين من صفاء نيّته.

← ....

Autres verbes d'existence

Outre كان, l'arabe connaît d'autres verbes d'existence, notamment ceux qui ont le sens de *devenir*, comme صار، يصير et أصبح، يُصبح. Comme pour كان, le sujet qui suit ces verbes garde son cas, tandis que le prédicat se met au cas direct. Bien que صار et أصبح soient souvent utilisés au passé, ils peuvent avoir un sens de futur dans leurs formes d'inaccompli. : (سوف) تُصبح/تصير علمياً مشهوراً في المستقبل. → À l'avenir, tu deviendras un scientifique célèbre.

CHAPITRE 11 : D'AUTRES PARTICULARITÉS DES VERBES

 Conjuguez ces verbes à l'accompli et à l'inaccompli.

	صار		أصبح*	
	inaccompli	accompli	inaccompli	accompli
أنا				
أنتَ				
أنتِ				
هو	يصيرُ	صارَ	يُصبحُ	أصبحَ
هي				
نحن				
أنتم				
أنتنّ				
هم				
هنّ				
أنتما				
هما				

* Le sens primaire de أصبح est *être le matin* et on trouve aussi d'autres verbes pour décrire la notion de devenir qui ont tous un sens originel lié au temps, mais qui sont plus rarement utilisés : أضحى، يُضحي (*être le matin*), أمسى، يُمسي (*être le soir*) ou بات، يبيت (*passer la nuit*).

CHAPITRE 11 : D'AUTRES PARTICULARITÉS DES VERBES

4 Réécrivez les phrases suivantes en y ajoutant au début le verbe proposé entre parenthèses. Attention à bien appliquer le cas adéquat au sujet et au prédicat !

a. الجوّ بارد. (صار)

← ....

b. الحالة الاقتصاديّة متدهورة في البلاد. (أصبح)

← ....

c. الضّيوف مستاؤون من طريقة استقبال ربّة المنزل. (بات)

← ....

d. فنادق المدينة مكتظّة بالسّيّاح. (أضحى)

← ....

e. عطر الورود فائح في حديقتنا. (أمسى)

← ....

f. وزيرا الطاقة لهذين البلدين صديقان حميمان. (صار)

← ....

Traduire « continuer à »

Pour traduire l'idée de continuer à (faire quelque chose), on emploie les verbes بقي، يبقى (demeurer, rester), ظلَّ، يظلّ (être toujours, rester) ou لبث، يلبث (rester) suivis d'un autre verbe à l'inaccompli : هل يبقى/يظلّ/يلبث أخوك يعمل في السّوبر ماركت ؟
→ *Ton frère continue-t-il à travailler au supermarché ?*

Utilisé avec un sujet et un prédicat, ظلَّ agit comme كانَ, c'est-à-dire qu'il met le prédicat au cas direct.

Remarque : Si le verbe لبثَ est encadré par la négation ما et la particule أن, il confère alors au verbe qui le suit une notion de « rapidité » dans son exécution. Exemple : ما لبثَ أن قدّمَ استقالته.
→ *Il n'a pas tardé à démissionner.*

CHAPITRE 11 : D'AUTRES PARTICULARITÉS DES VERBES

5 Reliez chacune des phrases suivantes à sa bonne traduction.

1. Ils sont restés (tous les deux) à attendre à la maison jusqu'à ce qu'il ait cessé de pleuvoir.

2. Il a continué à l'appeler jusqu'à ce qu'il lui réponde enfin !

3. Le journaliste a continué à rédiger des articles controversés malgré les avertissements du rédacteur en chef.

4. Ils sont restés éveillés jusqu'à l'aube.

5. Ils sont restés au Qatar pendant neuf ans.

6. Il n'a pas tardé à rentrer de son court voyage.

a. لبثوا في قطر تسعة أعوام.

b. ظلّ الصّحافي يكتب مقالات مثيرة للجدل بالرّغم من إنذارات رئيس التّحرير.

c. بقي يناديه حتّى ردّ عليه أخيراً!

d. ظلّا منتظرَيْن في البيت إلى أن توقّفَ المطر.

e. ما لبثَ أن رجع من سفرته القصيرة.

f. ظلوا ساهرين حتّى الفجر.

6 Complétez les phrases avec le verbe donné entre parenthèses, conjugué à la bonne personne et au temps adéquat.

a. أنتِ (بقي) .... اليوم عند خالتك وتعودين غداً إلى البيت.

b. هما (ظلّ) .... يتشاجران حتّى بزوغ الشّمس.

c. أنتم (بقي) .... تعملون في نفس الشّركة إلى أن تغيّر المدير العام.

d. هنّ (ظلّ) .... واقفات في ردهة الفندق حتّى وصل سائقهنّ الخاص.

e. أنتما (لبث) .... في السّجن خمسة أشهر السّنة الماضية.

f. أنتم (لبث) .... في نفس المنزل حتّى نهاية العام المقبل.

CHAPITRE 11 : D'AUTRES PARTICULARITÉS DES VERBES

Banque de mots

الأسبوع الفائت	la semaine passée	فائح	qui s'est répandu (en parlant d'une odeur, d'un parfum)
إقليميّ	régional	الفجر	aube
إنذار، إنذارات	avertissement(s)	فيلسوف	philosophe
بالرّغم من	malgré	قارس	glacial (en parlant du froid)
بزوغ الشمس	lever du soleil	قطر	Qatar
تدهور	se dégrader, se détériorer	كيفيّة	manière de
تشاجر	se quereller, se disputer	متأكّد	sûr
تمويل	action de financer	متدهور	dégradé, détérioré
الجوّ	temps	مثير للجدل	sujet à controverse
الحالة الاقتصاديّة	situation économique	مجتمعة	réunies (dans ce contexte)
حميم	intime	مدير عام	directeur général
ربّة المنزل	maîtresse de maison	مقتنع	convaincu
رئيس التحرير	rédacteur en chef	مكتظّ	bondé
سائق خاص	chauffeur privé	ملكة الجمال	reine de beauté (miss)
سيّارة الأجرة	taxi	مُنهمر	qui tombe à verse
صفاء النيّة	bonne foi	موضة	mode
ضيعة	village	واثق	sûr, certain
عطر	parfum	واقف	être debout
الفارابي	Al-Fârâbî (philosophe islamique)	وزير الطاقة	ministre de l'énergie

CHAPITRE 11 : D'AUTRES PARTICULARITÉS DES VERBES

Exprimer la persistance d'un état

Pour rendre le sens de *être toujours* ou *être encore*, l'arabe se sert d'une construction en employant le verbe ما زال à l'accompli et لا يزال à l'inaccompli (également dans la forme de l'apocopé : لم يزَل) qui signifie littéralement *ne pas cesser*. Le prédicat de la phrase débutant par ce verbe se met au cas direct : ما زلتَ صغيراً. ➜ *Tu es encore jeune* (= *tu n'as pas cessé d'être jeune*). ما زال peut aussi être suivi d'un verbe à l'inaccompli : ما زال يحبّني. ➜ *Il m'aime encore.*

Tout comme ما زال, les verbes suivants utilisés à la forme négative rendent le sens de la continuité d'un état donné : ما برح، ما انفكّ، ما فتئ (*ne pas cesser de*). Avec ces verbes, on met le prédicat au cas direct.

De même, et toujours pour exprimer la persistance d'un état donné, nous avons le verbe دام (*rester*), qu'on appelle « verbe figé » car il ne s'emploie qu'à l'accompli. Employé avec ما, ce verbe prend le sens de *tant que* : لن آكل في هذا المطعم ما دُمت حيّاً! ➜ *Je ne mangerai pas dans ce restaurant tant que je serai vivant !*

7 Complétez les phrases suivantes avec la bonne forme du verbe entre parenthèses, conjugué à l'accompli.

a. (ما زال) .... نذكر طيب العيش في ضيعتنا.

b. (دام) .... على حالهم من دون أيّ تحسّن أسابيع طويلة.

c. (ما زال) .... أحبّ السّفر واكتشاف ثقافات جديدة.

d. (ما زال) .... يأكلون في مطعم الحيّ بالرّغم من أسعاره الغالية.

e. (ما زال) .... يحببنَ عطر النّرجس.

f. (ما زال) .... تنتظر عودة زوجها.

CHAPITRE 11 : D'AUTRES PARTICULARITÉS DES VERBES

8 Traduisez les phrases suivantes en vous aidant éventuellement de la banque de mots.

a. ما فتئ الوضع الاقتصادي يتدهور في بلدنا.

← ....

b. ما دمتم تدفعون إيجار الشقّة بانتظام، لن تتشاجروا مع المالك.

← ....

c. ما انفكّ عدد المشتركين في المسابقة الرياضيّة يتضاءل.

← ....

d. ما برح الطّقس بارداً والمطر مُنهمراً.

← ....

e. ما زال المريض في المستشفى.

← ....

f. ما زلتُ أزور جدّتي كلّ يوم.

← ....

Les verbes inchoatifs

Un verbe inchoatif est un verbe qui indique le commencement d'une action ou le début d'un état donné. Bien que l'arabe connaisse un verbe pour commencer – بدأ، يبدأ – celui-ci est souvent utilisé avec le **masdar** d'un verbe additionnel : متى تبدأ الدّراسة ؟
→ *Quand est-ce que tu commences à étudier ?*

Outre cette construction, les verbes أخذ (*prendre*) et جعل (*désigner, nommer*) sont largement employés à l'accompli suivis d'un verbe à l'inaccompli pour donner l'idée de *commencer à* ou *se mettre à* : لماذا أخذ/جعل يبكي؟ → *Pourquoi s'est-il mis à pleurer ?*
Il existe d'autres verbes inchoatifs, mais moins répandus, comme قام، شرع، أقبل، أنشأ ou صار qu'on connaît déjà dans sa fonction de *devenir*.

CHAPITRE 11 : D'AUTRES PARTICULARITÉS DES VERBES

9 Dans les phrases suivantes, soulignez les verbes inchoatifs. Attention, certaines n'en contiennent pas !

a. أنشأ الخديوي محمد علي مطبعة مهمّة في مصر عام ١٨٢٠.

b. جعلوا يصرخون ويهدّدون خصومهم.

c. صار يملك أرضاً في وسط الضّيعة.

d. أخذت ورود البستان تتفتّح.

e. جعلته مدير مسرح المدينة.

f. شرع الطّفل ينادي أمّه.

10 Traduisez les phrases suivantes en arabe en utilisant, pour chacune d'elles, le verbe inchoatif donné entre parenthèses. Rappel : il n'est pas nécessaire de mettre le pronom personnel isolé sujet dans la traduction arabe.

a. J'ai commencé à étudier après le dîner. (شرع)

→ ....

b. Ils se sont mis à se quereller devant leur fille. (أخذ)

→ ....

c. Elles se sont mises à préparer le déjeuner. (جعل)

→ ....

d. Nous avons commencé à pleurer. (أنشأ)

→ ....

e. Elle s'est mise à nettoyer la chambre. (قام)

→ ....

f. Ils (eux deux) se sont mis à écrire un article sur la situation économique dans le pays. (شرع)

→ ....

71

CHAPITRE 11 : D'AUTRES PARTICULARITÉS DES VERBES

Les verbes d'imminence

Ce groupe de verbes rend l'idée d'*être sur le point de / faillir*. On y retrouve notamment :

- le verbe كادَ، يكادُ, qui est employé suivi d'un verbe à l'inaccompli et parfois de أن et d'un verbe au subjonctif et qui rend plus le sens de *faillir*.
Exemple : كادت تخرجُ / أن تخرجَ من البيت. ← *Elle a failli sortir de la maison* ;

- le verbe أوشكَ، يوشِكُ, généralement suivi de أن et d'un verbe au subjonctif ou de على suivi d'un nom d'action.
Exemple : أوشكَ على الخروج من المكتب. / أوشكَ أن يخرجَ من المكتب. ← *Il était sur le point de sortir du bureau.*

11 Réécrivez les phrases suivantes en ajoutant au début le verbe d'imminence donné entre parenthèses, conjugué à l'accompli à la bonne personne.

a. يصلون إلى عمّان. (أوشك أن) ← ....

b. نربح المسابقة. (كاد) ← ....

c. المريض يتعافى. (أوشك أن) ← ....

d. تتّبعان نظام الحمية الّذي وصفته لهما أخصّائيّة التّغذية. (أوشك أن)
← ....

e. السّفينة تغرق في هذه العاصفة. (كاد) ← ....

f. هما ينفصلان. (كاد) ← ....

12 Traduisez en français les phrases suivantes en vous aidant éventuellement de la banque de mots.

a. كادت تجعله رئيس تحرير الصّحيفة. ← ....

b. كادا يتشاجران ولكنّهما وجدا حلاًّ لمشكلتهما. ← ....

c. اقترب الخريف وأوشك ورق الأشجار أن يتساقط.
← ....

d. كاد الصّحن يقع على الأرض وينكسر! ← ....

e. هنّ أوشكن على السّفر. ← ....

f. الموظّفون كادوا يقدّمون استقالتهم. ← ....

CHAPITRE 11 : D'AUTRES PARTICULARITÉS DES VERBES

Banque de mots

بانتظام	avec régularité
تحسّن	amélioration
تساقط	tomber
تعافى	guérir d'une maladie
تفتّحت (الورود)	éclore (en parlant des roses ou des fleurs en général)
خديوي	khédive*
سعر، أسعار	prix (sing., pl.)
صرخ	crier
طيب العيش	douceur de vivre
غرق	se noyer, faire naufrage
نرجس	jonquille, narcisse
هدّد	menacer

* khédive est un titre noble ottoman.

مبروك! (*Félicitations !*)
Vous êtes venu(e) à bout du chapitre 11 !
Il est maintenant temps de comptabiliser
les icônes et de reporter le résultat
en page 128 pour l'évaluation finale.

12. Les diptotes, les défectueux et les indéclinables

Les diptotes (1)

Les cas grammaticaux ont déjà été traités en détail dans le *Cahier d'exercices arabe débutants* et vous ne devriez donc pas rencontrer de problèmes pour appliquer les cas sujet (الرّفع), direct (النّصب) et indirect (الجرّ) aux adjectifs, noms et participes selon leur position au sein d'une phrase. Cependant, l'arabe connaît de nombreux mots qui suivent des règles d'exception ou des irrégularités. Les « diptotes », par exemple, suivent la règle classique des déclinaisons uniquement lorsqu'ils sont déterminés (par l'article ou par un complément), mais connaissent une déclinaison irrégulière quand ils sont indéterminés. En effet, d'une part, les diptotes indéfinis ne prennent jamais le **tanwîn** et, d'autre part, ils ne portent que deux des marques de déclinaison que vous connaissez : la marque du cas sujet **-ou** (**damma**) et la marque **-a** (**fatha**) pour les cas direct et indirect. Exemple : ➜ درسَ عمرُ في مدارسَ معروفة. Omar a fait ses études dans des écoles connues.

❶ Testez vos connaissances de la règle des déclinaisons en vocalisant la fin des mots soulignés.

a. وضعَ صديقه في موقف محرج.

b. كانت الحضارة الفينيقيّة حضارة سامية.

c. قام المؤرّخ بدراسة معمّقة عن حركة الهجرة في المنطقة.

d. بلغ ممثّلو المسرحيّة ذروة شهرتهم بعد العرض الأخير.

e. لم تقرأ أبداً قصص "كليلة ودمنة".

f. في مقدّمة الكتاب، نبذة عن حياة المؤلّف.

CHAPITRE 12 : LES DIPTOTES, LES DÉFECTUEUX ET LES INDÉCLINABLES

2 Identifiez et soulignez les diptotes parmi les mots vocalisés dans les phrases suivantes.

a. دخلت مريمُ مع ابنها إلى ساحةِ المدرسة.

b. زرنا مدينةَ بعلبكَّ من سنتَيْن.

c. سكنوا دائماً في منازلَ فخمة وعاشوا حياةَ رفاهية.

d. قام رئيسُ البلديّةِ بمشاريعَ إنمائيّة كبيرة في مدينتِه.

e. بعد هجرةِ أبنائها، باتت الضيعةُ صحراءَ قاحلة.

f. مكثَ في المدينةِ أسابيعَ طويلة.

Les diptotes (2)

Au singulier, sont diptotes les adjectifs du type أَفْعَل (au masculin) et فَعْلَاء ou فُعْلَى (au féminin). À ce groupe appartiennent entre autres les couleurs, mais aussi les élatifs du même schéma (أكبر / كُبرى (plus grand/plus grande)) et les adjectifs se terminant par ان عطشان (assoiffé) ; غضبان (en colère), etc.).

Prenons comme exemple l'adjectif diptote أخضر / خضراء (vert) :

	indéterminé	déterminé
cas sujet	أخضرُ / خضراءُ	الأخضرُ / الخضراءُ
cas direct	أخضرَ / خضراءَ	الأخضرَ / الخضراءَ
cas indirect	أخضرَ / خضراءَ	الأخضرِ / الخضراءِ

3 Complétez les phrases suivantes avec le mot diptote manquant parmi les suivants et vocalisez la fin de ce dernier.

أحدث / أجمل / أعوج / أعور / غضبان / زرقاء

a. هي .... من أختها الكبرى.

b. بدأ فصل الصّيف وأضحت السّماء .... صافية.

c. اشترى سيّارة .... من سيّارته القديمة.

d. أُصيبَ في عينه اليمنى عندما كان صغيراً فصار ....

e. تشاجر مع زميله وأمسى ....

f. سرنا في طريقٍ .... للوصول إلى منزلهم في الجبل

CHAPITRE 12 : LES DIPTOTES, LES DÉFECTUEUX ET LES INDÉCLINABLES

Les diptotes (3)

Quant aux noms, quelques-uns sont diptotes au singulier (surtout ceux qui se terminent en (اء), comme صحراء (désert) ou حسناء (beauté), mais ce sont surtout certains types de pluriels internes qui font partie de ce groupe. Parmi ces derniers, voici les plus répandus :

traduction	exemple	schèmes des pluriels internes diptotes
proches (membres de la famille)	أقارِب	أفاعِل
amis	أصْدِقَاء	أفْعِلَاء
royaumes	مَمَالِك	فَعَالِل
semaines	أَسَابِيع	فَعَالِيل
vertus	فَضَائِل	فَعَائِل
experts	خُبَرَاء	فُعَلَاء
rues	شَوَارِع	فَوَاعِل
dictionnaires	قَوَامِيس	فَوَاعِيل
problèmes	مَشَاكِل	مَفَاعِل
projets	مَشَارِيع	مَفَاعِيل

4 Réécrivez les phrases suivantes en retirant l'article défini aux mots diptotes soulignés (et à l'adjectif ou au nom s'y rapportant selon le cas) et en les vocalisant correctement à la fin.

a. في الصحيفة اليوم، قرأت العناوين المثيرة للجدل.

← ....

b. جلسنَ في المقاعد المريحة.

← ....

c. البساتين الجميلة تحيط بمنزله في الضّيعة.

← ....

CHAPITRE 12 : LES DIPTOTES, LES DÉFECTUEUX ET LES INDÉCLINABLES

d. نظمَ الشّاعر في العيون النّجلاء القصائدَ الرومنسيّة.

↵ ....

e. نستيقظ في الرّبيع على زقزقة العصافير.

↵ ....

f. عقد الأطبّاء المشهورون مؤتمراً في باريس.

↵ ....

5 Réécrivez les phrases suivantes en ajoutant l'article défini aux mots diptotes soulignés (et à l'adjectif ou au nom s'y rapportant selon le cas) et en les vocalisant correctement à la fin.

a. صنع النّحّات تماثيلَ رائعة. ↵ ....

b. نُشِرَ الخبر في جرائدَ معارِضة. ↵ ....

c. بُنِيَت ملاعبُ رياضيّة في العاصمة وضواحيها. ↵ ....

d. حلم الولدُ أن يكون كالبطل في أقاصيصَ جميلة. ↵ ....

e. يرتاد أغنياءُ مشهورون هذه المدينة السّياحيّة. ↵ ....

f. اشترى والدها مزارعَ كبيرة في الرّيف. ↵ ....

Banque de mots

ارتادَ	fréquenter un endroit
استيقظَ	se réveiller
أصيبَ	il a été blessé
أعوج - عوجاء	sinueux, sinueuse ; tortueux, tortueuse
أعور	borgne
أقصوصة (أقاصيص)	conte(s)
بعلبكّ	Baalbek
بلغ	atteindre
حركة الهجرة	mouvement migratoire

CHAPITRE 12 : LES DIPTOTES, LES DÉFECTUEUX ET LES INDÉCLINABLES

Banque de mots

حضارة	civilisation	مريح	confortable
حياة رفاهية	vie de luxe	مزرعة (مزارع)	ferme(s)
ذروة	sommet, point culminant	مشاريع إنمائيّة	projets de développement
رائع	merveilleux	معارِض	opposant, appartenant à l'opposition
الرّبيع	le printemps	معمّق	approfondi
رومنسيّ	romantique	مقدّمة	introduction
رئيس بلديّة	maire	مكثَ	rester
زقزقة العصافير	gazouillement des oiseaux	مؤرّخ	historien
ساحة المدرسة	cour de récréation	موقف محرج	situation embarrassante
سام - سامية	noble	موهوب	doué, talentueux
شهرة	notoriété, célébrité	نبذة عن حياة المؤلّف	résumé de la biographie de l'auteur
صافٍ - صافية	clair(e), limpide, pur(e)	نجلاء	aux grands yeux
صحراء قاحلة	désert aride	نحّات	sculpteur
ضواحي العاصمة	banlieue		
عين (عيون)	œil (yeux)		
عينه اليمنى	son œil droit		
فينيقيّ	phénicien, phénicienne		

Les diptotes (4)

Parmi les diptotes, on trouve également beaucoup de noms propres, comme presque tous les noms féminins tels que مريمُ ou زينبُ، عائشةُ، فاطمةُ, ainsi que beaucoup de noms masculins étrangers, ceux qui sont composés d'au moins quatre consonnes ou ceux qui sont formés à partir de verbes, comme يوسفُ، يزيدُ، سليمانُ، أحمدُ، إبراهيمُ ou يعقوبُ. En revanche, les noms masculins purement arabes qui sont formés à partir d'adjectifs – bien qu'ils soient composés de plus de trois consonnes – sont « réguliers » et peuvent théoriquement porter le **tanwîn** : محمّدٌ، عليٌّ، سليمٌ، رشيدٌ، حسنٌ ou منيرٌ.

Quant aux noms géographiques arabes, tous ceux qui ne portent pas l'article sont des diptotes. Comparez donc في القاهرةِ (au Caire) ou مِن الخرطومِ (de Khartoum), avec دمشقَ (à Damas) ou مِن لبنانَ (du Liban).

CHAPITRE 12 : LES DIPTOTES, LES DÉFECTUEUX ET LES INDÉCLINABLES

6 Vocalisez la fin des noms propres diptotes soulignés dans les phrases suivantes.

a. كتبتُ رسالة إلى سعادَ وأمّها.

b. زار إسحاقَ أخته الكبرى في المستشفى.

c. دعوتُ عبيرَ إلى عيد ميلادي.

d. باع أشرفُ شقّته في باريس.

e. ذهبنا إلى معرض الكتاب مع عمرَ وصديقته.

f. سلّمتُ على آمالَ في المطعم.

7 Soulignez les noms géographiques diptotes dans les phrases suivantes. Attention aux pièges !

a. لبثنا في اليمنِ سنة.

b. سافرت ليلى إلى مصرَ الأسبوع الماضي.

c. يعيش عمّي في المغربِ.

d. تقع قطرُ في شرق شبهِ الجزيرةِ العربيّة.

e. قام المهندس بمشاريع ضخمة في عَمّانَ.

f. للجزائرِ حدود مع تونسَ.

Les noms non arabes

Les noms géographiques non arabes – comme لندن، نيو يورك ou باريس – sont considérés comme indéclinables, c'est-à-dire qu'on évite de leur mettre une marque finale. C'est aussi le cas pour les noms propres non arabes et les emprunts à d'autres langues, comme : تاكسي (*taxi*), تليفون (*téléphone*), سينما (*cinéma*), شاي (*thé*) ou كمبيوتر (*ordinateur*).

CHAPITRE 12 : LES DIPTOTES, LES DÉFECTUEUX ET LES INDÉCLINABLES

8 Repérez les mots indéclinables car empruntés à une langue étrangère dans les phrases suivantes et entourez-les dans la grille.

a. أهدى نوح إلى كريستين عقداً من اللؤلؤ.

b. أكلنا شوكولاتا بعد الغداء.

c. حضّرنا مشروباً ساخناً من كاكاو وحليب وسكّر.

d. التقينا في كافيتيريا الجامعة وشربنا قهوة وشاي.

e. مدريد هي عاصمة إسبانيا وروما هي عاصمة إيطاليا.

f. رحّبت المضيفة بالرّكّاب الموجودين على متن الطّائرة المتّجهة إلى أوسلو.

ر	و	س	أ	و	ك	ي	ع
ش	و	ك	و	ل	ا	ت	ا
ا	ل	ا	س	ث	ف	ق	ه
ي	ي	ك	ل	ر	ي	إ	إ
ث	ض	ا	و	و	ت	س	ي
ب	م	و	إ	م	ي	ب	ط
ت	د	ق	ز	ا	ر	ا	ا
ك	ر	ي	س	ت	ي	ن	ل
ك	ي	ف	م	خ	ا	ي	ي
ن	د	ن	و	ح	غ	ا	ا

Les participes des verbes défectueux

Les participes actifs masculins issus de racines verbales dites « défectueuses » – c'est-à-dire ceux qui se terminent en ي – remplacent ce ي par le **tanwîn -ine** aux cas sujet et indirect lorsque le mot est indéterminé et gardent le ي lorsque le mot est déterminé par l'article défini الـ ou par un complément de nom (cf. le chapitre 8 pour la formation des participes). Prenons le mot قاضٍ (juge) comme exemple :

	indéterminé	déterminé
cas sujet	قاضٍ	القاضي
cas direct	قاضياً	القاضيَ
cas indirect	قاضٍ	القاضي

CHAPITRE 12 : LES DIPTOTES, LES DÉFECTUEUX ET LES INDÉCLINABLES

Les participes passifs – qui ont souvent des fonctions de noms de lieu – issus de racines verbales « défectueuses » ainsi que les noms se terminant par ا ou ى perdent la marque des cas complètement, mais conservent la terminaison tanwîn **-ane** lorsque le mot est indéterminé. Exemples :

	indéterminé	déterminé
cas sujet, direct et indirect	مقهىً	المقهى
	عصاً	العصا

9. Traduisez les éléments suivants en arabe en vous aidant, le cas échéant, de la banque de mots, puis complétez les phrases avec la traduction adéquate :
cher – qui reste – avocat – passé – club – vallée
Attention d'employer la bonne terminaison !

a. وصل .... المتّهم إلى المحكمة.

b. اشتركنا في الـ .... الرّياضيّ المشهور بتدريبات اللّياقة البدنيّة.

c. وضعت في إصبعها خاتماً ....

d. يُطلّ منزله على .... عميق.

e. تذكّرت الـ .... الأليم وبكت.

f. لجدّي أثر .... في قلبي طول العمر.

10. Traduisez les éléments suivants en arabe en vous aidant, le cas échéant, de la banque de mots, puis complétez les phrases avec la traduction adéquate :
but – musique – évier – bâton – boîte de nuit – jeune garçon
N'oubliez pas de rajouter le tanwîn à la fin du mot, selon le cas.

a. ضربه على رأسه بـ ....

b. أُصيبَ حارس الـ .... بالتواء في كاحله.

c. سهرنا أمس في .... معروف.

d. وضعتما الصّحون الوسخة في الـ ....

e. رأيتها تتحدّث مع .... غريب في ساحة الضّيعة.

f. استمعوا إلى أنغام الـ .... العذبة.

CHAPITRE 12 : LES DIPTOTES, LES DÉFECTUEUX ET LES INDÉCLINABLES

Banque de mots

أثر	trace, marque	طول العمر	toute la vie
إسبانيا	Espagne	عذب	doux, agréable
استمع إلى	écouter	عصا	bâton
أطلّ على	donner sur	عميق	profond
أليم	douloureux	غريب	étranger
أوسلو	Oslo	كاحل	cheville
إيطاليا	Italie	كاكاو	cacao
باقٍ - باقية	qui reste	لياقة بدنيّة	fitness
التواء	entorse	الماضي	le passé
دعا	inviter	مجلى	évier
راكب (ركّاب)	passager(s)	مدريد	Madrid
رأى	voir, apercevoir	ملهى	boîte de nuit
روما	Rome	نغم (أنغام)	mélodie(s)
ساحة الضّيعة	place du village	وادٍ	vallée
شبه الجزيرة العربيّة	péninsule arabique		

مبروك! (Félicitations !)
Vous êtes venu(e) à bout du chapitre 12 !
Il est maintenant temps de comptabiliser les icônes et de reporter le résultat en page 128 pour l'évaluation finale.

Les irrégularités des substantifs : les cinq noms

Les cinq noms

Il existe cinq substantifs – appelés dans la grammaire traditionnelle « les cinq noms » الأسماء الخمسة – qui prolongent leur voyelle finale lorsqu'ils se trouvent en annexion avec un complément, c'est-à-dire avec un nom ou un pronom. Les trois premiers sont أب (*père*), أخ (*frère*) et حم (*beau-père*), qui changent selon ce schéma :

	indéterminé	déterminé	déterminé par un nom ou un pronom possessif*
cas sujet	أبٌ	الأبُ	أبو فاطمة / أبوها
cas direct	أباً	الأبَ	أبا فاطمة / أباها
cas indirect	أبٍ	الأبِ	أبي فاطمة / أبيها

* Pour le suffixe possessif de la première personne (*mon, ma*), la voyelle finale disparaît dans les trois cas. On a donc : أبي (*mon père*), أخي (*mon frère*) et حماي (*mon beau-père*).

Les deux autres mots de ce groupe sont فم (*bouche*), qui devient فو au cas sujet فا au cas direct et في au cas indirect, mais فيَّ, *ma bouche*) et ذو (*possesseur de*, forme masculine, la forme féminine étant ذات), qui se transforme en ذا au cas direct et ذي au cas indirect. ذو peut signifier également *qui a, à (la)* ou *au* et se trouve presque toujours en annexion : الرّجل ذو الشّارب (*l'homme à la moustache*). Le pluriel de ذو est ذوو au cas sujet et ذوي dans les cas direct et indirect.

 1 Choisissez la bonne forme du nom parmi les propositions données entre parenthèses.

a. هاجر (أباه / أبوه / أبيه) عندما تدهورت الحالة الاقتصاديّة في البلد.

b. اعتمدوا كثيراً على (أخيهم / أخاهم / أخوهم) في حياتهم المهنيّة.

c. ناولت ليلى (حماها / حموها / حميها) حبّة الدّواء.

d. زرنا (أبينا / أبونا / أبانا) في منزله الجديد.

e. ربح (أخا / أخو / أخي) فاطمة المباراة.

f. رحّبتا بـ(أخوهما / أخيهما / أخاهما) عندما رأتاه بعد فراق طويل.

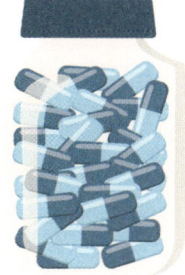

CHAPITRE 13 : LES IRRÉGULARITÉS DES SUBSTANTIFS : LES CINQ NOMS

2 Complétez les phrases suivantes avec le nom manquant (parmi les cinq noms) en traduisant la proposition donnée entre parenthèses, employée à la bonne forme.

a. (son beau-père à elle) رأيتُ .... وحماتها أمس في السّينما.

b. (leur père à eux deux) وعدنا أمّهما و .... أن نساعدهما على إيجاد وظيفة.

c. (leur frère à elles) اشترى .... أسهماً في البورصة.

d. (sa bouche à lui) فتح .... ليُخبرها بالحقيقة ثمّ غيّر رأيه.

e. (votre – masculin pluriel – beau-père) تقاعد .... السّنة الماضية.

f. (mon père) بحثُ لـ .... بسرّ كبير.

3 Traduisez les phrases suivantes en arabe en vous aidant le cas échéant de la banque de mots.

a. J'ai salué leur père (à eux deux).

.... ←

b. Leur beau-père (à elles) possède trois appartements au village.

.... ←

c. Dans sa bouche, il y a des dents manquantes.

.... ←

d. Mon frère a divorcé de sa femme.

.... ←

4 Complétez correctement les cinq noms dans les phrases suivantes.

a. تتكلّم الممرّضة مع أخـ............ المريض.

b. حمـ............ أمينة باحث في الأدب العربيّ.

c. أعرف الرّجل ذ............ القبّعة الزّرقاء الواقف هناك.

d. كان فـ............ه لا ينطق إلّا بالكلام الطّيّب.

e. أبـ............ك محلّل سياسيّ معروف.

f. تعرّفتم على أبـ............هم في حفلة النّادي.

CHAPITRE 13 : LES IRRÉGULARITÉS DES SUBSTANTIFS : LES CINQ NOMS

5 Complétez les phrases suivantes avec ذو utilisé à la bonne forme, selon le cas.

a. في شركتنا، يفضّل مديرنا توظيف المهندسين .... الخبرة في مجال المعلوماتيّة.

b. قام .... الدّخل المحدود بمظاهرات في العاصمة وضواحيها.

c. "......... العقل يشقى في النعيم بعقله وأخو الجهالة في الشقاوة ينعم." (المتنبّي)

d. أمنح ثقتي لـ .... الأمانة فقط.

e. شغلَ الموظف .... الكفاءة العالية منصباً مهمّاً.

f. كان زوجها .... قامة طويلة.

Banque de mots

أمانة	loyauté	عقل	cerveau, esprit, intelligence
امتلكَ - يمتلكُ	posséder	غيّر رأيه	changer d'avis
إيجاد	fait de trouver	فراق	séparation
باحَ بسرّ	révéler un secret	قامة طويلة	grande taille
باحث في الأدب	professeur de littérature	قبّعة	chapeau, casquette
توظيف	fait de recruter	كفاءة	compétence, qualification
جهالة	ignorance	كلام	paroles
حكيم	sage	مجال	domaine
الحياة المهنيّة	vie professionnelle	مظاهرة (مظاهرات)	manifestation(s)
ذوو الدّخل المحدود	personnes à faible revenu	معلوماتيّة	informatique
سهم (أسهم) في البورصة	action(s) en Bourse	منحَ - يمنحُ	accorder
شغلَ منصباً	occuper un poste	ناقص	manquant
شقاوة	misère	ناولَ	donner, passer quelque chose à quelqu'un
شقيَ - يشقى	souffrir	نَعِمَ - ينعمُ	jouir, profiter
طلّق	divorcer de	نعيم	paradis

مبروك! (Félicitations !)
Vous êtes venu(e) à bout du chapitre 13 !
Il est maintenant temps de comptabiliser
les icônes et de reporter le résultat
en page 128 pour l'évaluation finale.

85

14

Les compléments

Le complément d'objet

Dans une phrase verbale, on distingue clairement les verbes intransitifs, c'est-à-dire ceux qui peuvent se trouver sans complément – par exemple .وصلتُ أمس من الرّياض
→ *Je suis arrivé hier de Riyad.* – et les verbes transitifs qui prennent toujours un complément d'objet : .قرأتُ كتاباً جميلاً ← *J'ai lu un beau livre.*

Ce complément d'objet est soit au cas direct (comme dans notre phrase d'exemple), soit au cas indirect lorsqu'il est introduit par une préposition : .وثق رشيد ببائعِ السّيّارات
→ *Rachid a fait confiance au vendeur de voitures.*

Lorsque le complément est remplacé par un pronom, celui-ci est suffixé au verbe – قرأتُه
→ *Je l'ai lu* – ou à la préposition : .وثق به ← *Il lui a fait confiance.*

Certains verbes – surtout ceux qui ont le sens de donner quelque chose à quelqu'un – peuvent avoir deux compléments d'objet directs : .أعطى نقوداً شحاذاً ← *Il a donné de l'argent à un mendiant.*

❶ Repérez les compléments d'objet direct dans les phrases suivantes et barrez-les dans la grille. Les lettres restantes dévoileront un mot mystère. Attention aux phrases pièges !

a. ينتظرون تصريح العمل للسّفر دبي.   d. اعتادَ النّوم باكراً.

b. كتب رسالة لحبيبته.   e. حفظ الطّلّاب القصيدة عن ظهر قلب.

c. فاحَ عبير الورود في بستاننا.   f. وهبَ سامي أخته نصيبه من الميراث.

ت	ص	ر	ي	ح	ا	ل	ع	م	ل
م	ف	س	ع	و	ا	ل	ن	و	م
ل	ا	ن	ص	ي	ب	ه			
ا	ل	ق	ص	ي	د	ة			
ة	ب	ه		أ	خ	ت	ه		

CHAPITRE 14 : LES COMPLÉMENTS

2 Remplacez les compléments directs ou indirects soulignés dans les phrases suivantes par le pronom personnel affixe correspondant.

a. تعرّف على أصدقاء جدد خلال رحلة بالقارب في النّيل. ← ....

b. شربنا كأسَ عصير في كافيتيريا النّادي بعد التّمارين الرّياضيّة. ← ....

c. عرض التّاجر بضاعته الجديدة على زبائنه. ← ....

d. تذكّرتُ أيّام الصّبا بحنين كبير. ← ....

e. رأيتُ ليلى وسامية في الملهى أمس. ← ....

f. حضّرت حماتي الأطباق الشّهيّة ليوم العيد. ← ....

Le complément de nature

Lorsque l'objet de la phrase est spécifié par un autre substantif, on parle de complément de nature. Le complément de nature se met au cas direct. Nous le retrouvons :

- après une unité de mesure ou de poids. Exemple : اشترت مترًا قماشًا ← *Elle a acheté un mètre de tissu* ;

- après un élatif. Exemple : هو أكبرهم سنًّا. ← *Il est le plus âgé de tous* ;

- après les nombres entre 11 et 99. Exemple : يعمل الباحث بمشاركة عشرين مهندسًا. ← *Le chercheur travaille avec la participation de vingt ingénieurs* ;

- après un verbe « vague » pour apporter une clarification en « spécifiant » l'information. Exemple : نقول ذلك صدقًا. ← *Nous le disons par sincérité.*

3 Soulignez les compléments de nature dans les phrases suivantes.

a. ملأ النّادل كأس الزّبون عصيرًا.

b. ليلى أكثر جمالًا من أخواتها.

c. شربنا لترًا حليبًا.

d. شارك في مسابقة الشّعر أربعون تلميذًا.

e. هذا الطّالب أقلّ انتباهًا من زميله.

f. استعملتُ في وصفتي كيلوغرامًا لحمًا.

CHAPITRE 14 : LES COMPLÉMENTS

4 Complétez les phrases suivantes avec le complément de nature manquant parmi les suivants en lui appliquant la bonne déclinaison :

جمال / ممثّل / كتاب / زيت / تفّاح / سنّ

a. يتألّف طاقم المسلسل من مخرج وأربعة عشر ....

b. أريد أربعة أرطال .... لو سمحت!

c. ليلى أصغر التّلاميذ .... في صفّها.

d. في مكتبتي خمسون .... لمؤلّفين عرب.

e. اشترى البقّالون مئة كيلو .... من عند تاجر الجملة.

f. لوحات هذا الرّسّام الهاوي أكثر .... من لوحات بعض الرّسّامين المحترفين!

Cause ou but d'une action

La cause ou le but d'une action peuvent être clarifiés par un complément formé d'un **masdar**. Ce dernier peut être :

- indéfini employé au cas direct.
  Exemple : هاجروا هرباً من الحرب. ← Ils ont émigré pour fuir la guerre ;

- défini par une annexion, employé au cas direct.
  Exemple : ابتعد عن الحفرة خشيةَ الوقوع. ← Il s'est éloigné du trou par peur de tomber ;

- défini par l'article ou par une annexion, employé au cas indirect lorsqu'il est précédé par la préposition clitique لِـ. Exemple : بدأت اتّباع نظام حمية لتخفيضِ وزنها. ← Elle a commencé à suivre un régime pour perdre du poids.

5 Complétez les phrases suivantes par le complément de but ou de cause qui manque, en choisissant le **masdar** adéquat parmi les suivants et en lui appliquant la bonne déclinaison :

طلب / غضب / خوف / بحث / استجمام / استقبال

a. ذهبنا إلى المطار لـ............ـهم.

b. تركوا الضّيعة ورحلوا إلى المدينة .... عن عمل.

c. دخل المريض المستشفى .... للعلاج.

d. لم يخبر أباه برسوبه .... من التّوبيخ.

e. سافرنَ إلى شاطئ البحر لِلـ............

f. بكت ....

CHAPITRE 14 : LES COMPLÉMENTS

Banque de mots

استجمام	détente, relaxation		رطل (أرطال)	livre(s) (unité de masse)
انتباه	attention		طاقم	équipe
أيّام الصِّبا	la jeunesse		عرضَ - يعرضُ	présenter, proposer
باكراً	tôt		لحم	viande
بضاعة	marchandise		محترف	professionnel
بقّال (بقّالون)	épicier(s)		مسلسل	série télévisée
تاجر الجملة	grossiste		ملأ	remplir
تألّف من	se composer de		ميراث	héritage
تصريح عمل	permis de travail		نصيب	part
توبيخ	blâme, réprimande		النّيل	Nil
حنين	nostalgie		هاوٍ - هاوية	amateur, amatrice
رحلة بالقارب	croisière		وصفة	recette
رسوب	échec scolaire			

Connecter deux actions ou deux états

Lorsqu'on veut connecter deux verbes, dont un précise l'état dans lequel le sujet fait l'action (et qui est par conséquent appelé « complément d'état »), l'arabe utilise le participe actif au cas direct. En français, cette fonction est rendue par le gérondif : وصل. ➜ أحمد ضاحكاً. *Ahmad est arrivé en riant.*

Quand on veut décrire l'état dans lequel une action se déroule, on fait suivre le verbe par un adjectif au cas direct indéterminé : رجع خالد مريضاً. ➜ *Khaled est revenu malade.*

6 Soulignez les compléments d'état dans les phrases suivantes et traduisez ces dernières.

d. رجع فريق كرة القدم إلى بلاده فائزاً.

a. دخل المدعوون مبتسمين.

e. وصل محامي المتّهم متأخّراً.

b. عاد المسافران سالمَيْن.

f. رأيتُ النّاجح مبتهجاً.

c. اجتازتا الشّارع راكضتَيْن.

CHAPITRE 14 : LES COMPLÉMENTS

Exprimer l'intensité d'une action

Pour exprimer l'intensité de l'action, l'arabe se sert d'une construction appelée « complément absolu », où on fait accompagner un verbe de son **maṣdar** suivi d'un qualificatif au cas direct : ضحكت سلمى ضحكاً هستيريّاً ← *Salma riait hystériquement (d'un rire hystérique)*. L'usage du complément absolu est très répandu dans l'arabe écrit et appartient à un niveau de langue élaboré. Le verbe principal peut également être un participe : بنت محبوبة حبّاً شديداً. (*une fille fortement aimée*).

7 Complétez les phrases suivantes par le complément absolu manquant.

a. لتحضير التّبولة اللّبنانيّة، يجب فرم البقدونس .... ناعماً.

b. ازدهرت شركته .... كبيراً.

c. تقدّم في دراسته .... ملحوظاً.

d. نجحوا في مهنتهم .... باهراً.

e. انتصرَ على خصمه .... ساحقاً.

f. عزفتَ على العود .... رائعاً.

Les compléments circonstanciels de temps et de lieu

Les compléments circonstanciels de temps et de lieu, comme leur nom l'indique, désignent le temps et le lieu où se déroule l'action et répondent donc respectivement aux questions « quand ? » et « où ? ». Ils se mettent au cas direct.

8 Traduisez en français les phrases suivantes.

a. وصلنا إلى الإسكندريّة ليلاً. ← ....

b. غادروا منزلهم ظهراً. ← ....

c. دام خلافهم أسبوعاً. ← ....

d. باع سيّارته الشّهرَ الماضي. ← ....

e. انتظرا وصول القطار ساعتَيْن! ← ....

f. حطّت الطّائرة عصراً في مطار بيروت الدّولي.

← ....

CHAPITRE 14 : LES COMPLÉMENTS

 Complétez cette grille de mots croisés avec les adverbes de lieu demandés.

Horizontalement	
1.	contraire de جنوب
2.	contraire de تحت
3.	traduction de parmi, entre
4.	contraire de هنا
5.	traduction d'autour de

Verticalement	
a.	contraire de يسار
b.	synonyme de وراء
c.	contraire de أمام
d.	contraire de غرب
e.	traduction de vers

Le complément de concomitance

Parmi les compléments, il existe également le « complément de concomitance ». Ce dernier est toujours précédé du **wâw** d'accompagnement واو المعيّة qui rend le sens de *avec / en même temps que / le long de*, etc. (selon le contexte) et qui est lui-même précédé par une phrase verbale. Attention à ne pas confondre le **wâw** d'accompagnement, qui introduit le complément de concomitance, avec la conjonction de coordination واو العطف que nous verrons plus en détail dans le chapitre suivant.

Généralement, le contexte de la phrase permet de lever l'ambiguïté, par exemple :
وصلنا واللّيل. ➔ *Nous sommes arrivés à la nuit tombée* (*avec la nuit*, et non *La nuit et nous sommes arrivés !*).

De même, le complément de concomitance est toujours au cas direct alors que le mot suivant la conjonction de coordination se met au même cas que celui auquel il est relié par cette conjonction. Comparez donc :

- وصلنا وأخاك ➔ *Nous sommes arrivés avec ton frère.* Ici, le **wâw** est bien un **wâw** d'accompagnement puisqu'il est suivi directement par un complément de concomitance au cas direct ;

CHAPITRE 14 : LES COMPLÉMENTS

• وصلنا نحنُ وأخوكَ. → *Nous sommes arrivés, ton frère et nous.* Ici, le **wâw** est une conjonction de coordination car أخوك est au cas sujet.

10 Précisez pour chaque phrase s'il s'agit de واو المعيّة (A) ou de واو العطف (B).

a. درستُ وصديقاً في مكتبة الجامعة. A B
b. سلّمَتْ عليها وعلى أخيها. A B
c. جاءَ وغروبَ الشّمس. A B
d. رحّبنَ بليلى وبزوجِها. A B
e. مشينا والنّهرَ. A B
f. عادوا والفجرَ. A B

Banque de mots

اجتازَ - يجتازُ	traverser
الإسكندريّة	Alexandrie
انتصار ساحق	victoire écrasante
انتصرَ - ينتصرُ	gagner, remporter une victoire
بقدونس	persil
تبّولة	taboulé
تقدّمَ - يتقدّمُ	progresser
حطّت الطّائرة	l'avion a atterri
خلاف	mésentente
سالم	sain et sauf

عزف	jouer (d'un instrument de musique)
عصر	après-midi
عود	luth
فائز	gagnant, victorieux
فرمَ	hacher
مبتسم	souriant
مبتهج	ravi
مدعوّ	invité
ملحوظ	remarquable

مبروك! (Félicitations !)
Vous êtes venu(e) à bout du chapitre 14 !
Il est maintenant temps de comptabiliser les icônes et de reporter le résultat en page 128 pour l'évaluation finale.

Les conjonctions de coordination

Quelques conjonctions de coordination

Comme en français, les conjonctions de coordination arabes peuvent unir deux phrases ou deux éléments de même fonction syntaxique à l'intérieur d'une phrase. Elles ont une place fixe, généralement entre les éléments qu'elles sont chargées d'unir, et permettent donc de mieux mettre l'accent sur une partie spécifique de la phrase.

Certaines conjonctions ne peuvent pas se trouver seules et sont par conséquent liées au mot qui suit. Ces conjonctions sont و (*et*) et ف (*alors, donc, et* ou *puis*). En ce qui concerne و, cette conjonction est utilisée – au contraire du français – entre chaque mot même quand on en coordonne plus de deux.
Exemple : أتى أمّي وأختي وأخي. ← *Ma mère, ma sœur et mon frère sont venus.* Lorsque la conjonction و est précédée d'un verbe à la négation, elle est suivie de لا et correspond à *ni* : لا أتكلّم الإنكليزيّة ولا الإسبانيّة. ← *Je ne parle ni l'anglais ni l'espagnol.*

La conjonction ف, quant à elle, indique une succession, un ordre donné :
وصلَ المعلّم فالطّلاب. ← *Le professeur est arrivé suivi de ses étudiants (puis les étudiants).*
De même, elle peut jouer un rôle causatif quand elle précise une relation de cause à effet dans les actions de la phrase : كنت مريضاً فذهبت عند الطّبيب. ← *J'étais malade, alors je suis allé chez le médecin.*

Ce rôle causatif se révèle aussi lorsque la principale comprend une injonction ou une interdiction et dans ce cas, le verbe inaccompli qui suit ف se met au subjonctif.
Exemples : ادرس فتنجحَ. ← *Étudie pour réussir (pour que tu réussisses).*
لا تضع وقتك فترسبَ في الامتحان. ← *Ne perds pas ton temps car tu échoueras à l'examen.*

Cette conjonction est aussi employée avec la construction أمّا ... ف (*quant à...*) :
أمّا نحن فأكلنا في المطعم. ← *Quant à nous, nous avons mangé au restaurant.*

CHAPITRE 15 : LES CONJONCTIONS DE COORDINATION

1 Traduisez en français les phrases suivantes.

a. درستِ فنجحتِ. → ....

b. لا تهملْ والدَيْك فتندمَ. → ....

c. غنّينا ورقصنا وسهرنا حتّى طلوع الفجر.
→ ....

d. فقدتُ محفظتي ومفاتيحي. → ....

e. أمّا البيت فباعته واشترت شقّة صغيرة.
→ ....

f. دخل المدير فالموظّفون إلى صالة الاجتماع.
→ ....

2 Complétez ces phrases par وـ ou فـ.

a. "الخيل ...... الليل ...... البيداء تعرفني ...... السّيف ...... الرّمح ...... القرطاس ...... القلم." المتنبّي

b. أمّا صديقها ...... اعتذر منها ...... حاول تصحيح هفوته.

c. "نظرة ...... ابتسامة ...... سلام ...... كلام ...... موعد ...... لقاء." أحمد شوقي

d. "أعطني الناي ...... غنِّ ...... الغناء سرّ الوجود." جبران خليل جبران

e. كان الجوّ دافئاً ...... الشّمس مشرقة ...... السّماء زرقاء صافية.

f. أقلع عن التّدخين ...... تتحسّنَ صحّتك.

CHAPITRE 15 : LES CONJONCTIONS DE COORDINATION

Conjonctions de coordination non liées au mot suivant

En arabe, il existe également des conjonctions de coordination qui ne se lient pas directement au mot suivant, par exemple :

ou*	أم / أو
ou bien (soit ... soit)	إما (إمّا ... وإمّا)
bien plus, voire**	بل
ensuite, puis	ثمّ

* أم s'utilise dans les questions introduites par la particule interrogative أ :
→ أهي قريبة أم بعيدة؟ Est-elle proche ou loin ?
أو s'emploie dans les phrases interrogatives introduites par هل ou lorsqu'il y a plus de deux éléments à coordonner dans la question :
→ هل تذهبان إلى المطعم بقطارِ الأنفاق أو بالحافلة أو بسيّارة أجرة؟ Est-ce que vous allez au restaurant en métro, en bus ou en taxi ?

**Avec une négation, بل prend le sens de au contraire ou mais.

3 Complétez les phrases suivantes avec la bonne conjonction parmi les suivantes :
و / ثمّ / بل / إمّا / أو / أم

a. لم تسلّم عليهم .... تجاهلتهم.

b. .... أن تخبره أنتَ بالحقيقة و .... أن أخبره أنا بها.

c. وضعتْ في حقيبتها مشطاً .... زجاجة عطر.

d. أتريدون الرّحيل .... البقاء؟

e. كتبتُ الرّسالة .... وضعتها في الظّرف.

f. حضّرن لي الحمّص .... التّبولة فأنا أحبّ الأكلات اللّبنانيّة جميعها.

CHAPITRE 15 : LES CONJONCTIONS DE COORDINATION

4 Reliez chaque phrase à sa traduction.

1. Ce n'est pas Leïla qui est venue mais son frère.

2. Écoute de la musique douce et ainsi tu te relaxeras.

3. Soit tu parles poliment soit tu sors immédiatement d'ici.

4. Jouez au tennis ou nagez, car le sport est bénéfique pour la santé !

5. Est-ce que vous voyagez aujourd'hui ou demain ?

6. Nous avons acheté les billets pour le voyage puis nous les avons compostés avant de monter dans le train.

a. إمّا أن تتكلّم بأدب وإمّا أن تخرج فوراً من هنا.

b. اشترينا بطاقات السّفر ثمّ ختمناها قبل الصّعود إلى القطار.

c. لم تأتِ ليلى بل أخوها.

d. أتسافرون اليوم أم غداً؟

e. أنصتي إلى الموسيقى الهادئة فترتاحي.

f. العبوا كرة المضرب أو اسبحوا، فالرّياضة مفيدة للصّحّة!

5 Complétez les phrases suivantes par أم ou أو.

a. أتريد شاي ...... قهوة؟

b. اجلب معك باقة ورد ...... علبة شوكولا.

c. أتفضّلين الفستان الأسود ...... الأحمر؟

d. ضعي قبّعة على رأسك ...... خذي مظلّة فالشّمس حارقة اليوم!

e. سأعطيكم بطاقات مجّانيّة للدّخول إلى السّينما ...... المسرح يوم السّبت.

f. أشربتم عصير تفّاح ...... عصير ليمون؟

CHAPITRE 15 : LES CONJONCTIONS DE COORDINATION

Autres conjonctions

Outre ces conjonctions, il y en a d'autres qui ont en commun qu'elles ne sont jamais suivies d'un verbe (sauf ولكن) et si elles sont suivies d'un nom, celui-ci se met au cas direct (l'emploi de أنّ a été traité dans le *Cahier d'exercices arabe faux-débutants*). Beaucoup d'entre elles peuvent également porter un pronom affixe. Les plus usitées de ce groupe sont :

car, puisque	إذ	mais, toutefois	على أنّ
donc *	إذاً / إذن	mais, toutefois	غير أنّ
mais, toutefois	إلّا أنّ	car	فإنّ
certes **	إنّ	parce que	لأنّ
c'est-à-dire, ce qui signifie	أيْ	mais, plutôt	وإنّما
car	ذلك أنّ	mais***	ولكنّ / ولكن

* Après إذاً un verbe est à l'indicatif alors qu'après إذن c'est le subjonctif qui suit.

** Cette conjonction n'a pas de traduction littérale et sert notamment à mettre l'accent sur une partie précise de la phrase : إنّه زميلي مِن الجامعة. C'est lui, mon collègue de l'université.

*** Après ولكنّ c'est un nom ou un pronom affixe qui suit, tandis qu'après ولكن doit suivre un verbe ou une préposition.

6 Reliez chaque phrase arabe à sa traduction française.

1. Elle a échoué à l'examen parce qu'elle n'avait pas bien étudié.
2. Il n'est pas venu à notre rendez-vous, il est donc sans doute malade.
3. Les ouvriers ont fait grève car leurs salaires ne leur ont pas été payés.
4. Il allait vendre son appartement, mais il a rapidement changé d'avis.
5. Le tribunal l'a considéré coupable, ce qui signifie qu'il sera sûrement emprisonné.
6. Ils étaient prêts pour le voyage, mais la compagnie aérienne a annulé le vol.

a. أضرب العمّال إذ إنّ رواتبهم لم تُدفع لهم.
b. اعتبرته المحكمة مذنباً أي إنّه سيُسجن بالتّأكيد.
c. كانوا جاهزين للسّفر غير أنّ شركة الطّيران ألغت الرّحلة.
d. لم يأتِ إلى موعدنا إذاً هو مريض دون شكّ.
e. كان سيبيع شقّته إلّا أنّه سرعان ما غيّر رأيه.
f. رسبتْ في الامتحان لأنّها لم تدرس جيّداً.

CHAPITRE 15 : LES CONJONCTIONS DE COORDINATION

7 Complétez les phrases suivantes avec la bonne conjonction de coordination parmi les suivantes :

لأنّ / ولكنّ / إذاً / إنّ / ولكن / وإنّما

a. لم يترك بلاده ليبتعد عن ذويه .... ترك بلاده بحثاً عن عمل.

b. "........ الحياة قصيدة أعمارنا أبياتها والموت فيها قافية." إيليّا أبو ماضي

c. كنّا ننتظر وصوله اليوم .... ه أجّل مجيئه، سيصل .... غداً.

d. احمرّ وجهها .... ها خجولة.

e. سينجح مشروعهم .... عليهم أن يعملوا بجدّ.

f. قدّمت استقالتها .... ها وجدت وظيفة أخرى بمرتّب أعلى.

Banque de mots

أجّلَ - يؤجّلُ	ajourner, reporter	قافية	rime
أضربَ	faire la grève	قرطاس	papier
أهملَ - يهملُ	négliger, délaisser	لقاء	rencontre
باقة ورد	bouquet de fleurs	مجّانيّ	gratuit
بيت (أبيات)	vers (d'un poème)	مجيء	venue
بيداء	désert	محفظة	portefeuille
تجاهلَ - يتجاهلُ	ignorer	مذنب	coupable
تصحيح هفوة	réparer une faute	مشط	peigne
خجول	timide	مظلّة	ombrelle
خيل	chevaux	موت	mort
راتب (رواتب)	salaire(s)	هفوة	faute
رمح	javelot	الوجود	l'existence
سيف	épée		

مبروك! (*Félicitations !*)
Vous êtes venu(e) à bout du chapitre 15 !
Il est maintenant temps de comptabiliser les icônes et de reporter le résultat en page 128 pour l'évaluation finale.

16
Les particules

Les particules (1)

L'arabe possède plusieurs particules, dont certaines manifestent un temps spécifique du verbe utilisé, comme ـس ou سوف qui expriment le futur ou قد qui est utilisée pour le plus-que-parfait.

Certaines se construisent avec un verbe au subjonctif, comme أنْ *que* ou la particule de négation du futur لنْ *ne … pas* ainsi que les particules suivantes :

alors, donc*	إذن
afin que, pour que, pour (suivi du subjonctif), jusqu'à ce que	حتّى
et, par conséquent**, ainsi	فـ
afin que, pour que, pour (suivi du subjonctif)	كي / لكي
afin que, pour que, pour (suivi du subjonctif)	لِـ

* À côté de إذن l'arabe connaît aussi إذاً qui a le même sens et la même prononciation que ce premier, mais qui n'est employé que dans les phrases nominales.

** Lorsque le verbe qui suit est au subjonctif, la particule a la fonction de *et, par conséquent, ainsi*. En français, le sens est normalement rendu par un futur :
استعدّوا فتفوزوا ← *Préparez-vous et (ainsi) vous réussirez.*

1 Mettez les phrases suivantes à la forme négative.

a. سيدعون كلّ الصّحافيّين إلى حفل افتتاح المعرض.

b. سيُسلّمُ رئيسُ الجمهوريّة هذا الملفّ الشّائك إلى وزير الدّاخليّة.

c. سيجدُ الوفد المبعوث حلاًّ للأزمة الرّاهنة.

CHAPITRE 16 : LES PARTICULES

d. سيقضيان وقتاً مُمتعاً في الحفلة.

← ....

e. ستنسحبون غداً من الاتّفاقيّة التّجاريّة.

← ....

f. سنوافقُ على كلّ البنود المقترحة في الوثيقة.

← ....

2 Complétez les phrases suivantes en remplaçant le *masdar* souligné par la particule أَنْ suivie du verbe au subjonctif.

a. يَسُرُّني مجيئكم لزيارتي. ← ....

b. تريدين قراءة ديوانه الشّعريّ الجديد. ← ....

c. تُحبّان شرب القهوة في حديقة المنزل. ← ....

d. يودّون تناول العشاء في مطعم الفندق. ← ....

e. طلبَت منه الوصول باكراً. ← ....

f. علينا المطالبة بعلاوة. ← ....

3 Traduisez les phrases suivantes en employant les particules marquées entre parenthèses.

a. Nous irons à la parfumerie aujourd'hui afin de profiter de l'offre spéciale. (لكي)

→ ....

b. La journaliste restera au bureau jusqu'à ce qu'elle finisse de rédiger son article. (حتّى)

→ ....

c. Révisez la leçon et (ainsi) vous réussirez à l'examen. (ف‍)

→ ....

CHAPITRE 16 : LES PARTICULES

d. – Je serai à la maison dimanche.

→ ....

– Alors je te rendrai visite ! (إذن)

→ ....

e. Abstiens-toi de fumer pour que ta santé s'améliore ! (كي)

→ ....

f. Il est rentré dans son pays pour se présenter aux élections. (لِـ)

→ ....

4 Complétez les phrases suivantes par les verbes donnés entre parenthèses employés correctement.

a. سوف (تحسّنَ) .... الوضع الاقتصاديّ في البلد.

b. تركوا المدينة ولن (عادَ) .... إليها أبداً!

c. هما كانا قد (باعَ) .... المنزل عندما قرّرا الانفصال.

d. سـ(أعلنَ) .... اللّجنة نتيجة المسابقة بعد عشر دقائق.

e. نامي باكراً فـ(استراحَ) .... !

f. سافرنَ بالطائرة لِـ (وصلَ) .... هذا المساء إلى الجنوب.

5 Traduisez en français les phrases suivantes.

a. سافرتا لِتستريحا. ← ....

b. حضّرت الأطباق الشّهيّة كي تُكرمَ ضيوفها. ← ....

c. اعتذروا منه فيُسامحَكم. ← ....

d. لن يوقّعنَ عقد البيع. ← ....

e. سيشاركُ في المسابقة عدّة مرّات حتّى يربحَ. ← ....

f. نريدُ أن نعدّلَ شروط الاشتراك في النّادي الرّياضيّ.

← ....

101

CHAPITRE 16 : LES PARTICULES

Banque de mots

أزمة	crise
أكرمَ	honorer, bien traiter quelqu'un
الجنوب	Sud
حلّ	solution
ديوان شعريّ	recueil de poèmes
راهن	actuel, présent
سامحَ	pardonner
شائك	épineux
طالبَ بِـ	revendiquer
علاوة	augmentation de salaire

مبعوث	envoyé
محلّ العطور	parfumerie
مسابقة	concours
ملفّ	dossier
وزير الدّاخليّة	ministre de l'Intérieur
يَسُرُّني	ça me fait plaisir

Les particules (2)

L'arabe connaît également des particules qui sont nécessairement suivies d'un verbe à l'apocopé, par exemple لم pour la négation du passé. Exemple : لم يقل الحقيقة. → *Il n'a pas dit la vérité.*

Autre exemple : لا pour la négation de l'impératif. لا تصرخْ، أنا أسمعك. → *Ne crie pas, je t'entends.*

Nous retrouvons aussi dans ce groupe la particule لِـ qui, suivie d'un verbe à l'apocopé, lui donne le sens d'une injonction : لنسرعْ! → *Dépêchons-nous !*

CHAPITRE 16 : LES PARTICULES

6 Complétez les phrases suivantes avec le verbe conjugué correctement à l'apocopé.

a. لِـ (اشترى - نحن) قالب حلوى! ← ....
b. لم (اعتنى - أنا) بها كما يجب. ← ....
c. لا (رمى - أنتِ) النّفايات في الشّارع! ← ....
d. لم (اكتفى - هم) بالرّاتب المحدّد للوظيفة وطالبوا بعلاوة. ← ....
e. لِـ (أعطى - هو) الإرشادات اللّازمة للموظّفين. ← ....
f. لا (نسي - أنتما) موعدكما عند الطّبيب! ← ....

7 Traduisez les phrases suivantes.

a. لم أروِ له قصّة من "ألف ليلة وليلة". ← ....
b. لا تتشاجروا! ← ....
c. لم نعِدْهم بالمجيء غداً. ← ....
d. لِنُخبره فوراً بالحقيقة! ← ....
e. لم يُرسلنَ الطّرد بالبريد. ← ....
f. لم يأتِ إلى حفل افتتاح المعرض. ← ....

8 Mettez les phrases suivantes à la forme négative en utilisant la particule لم.

a. حاولا إصلاح الجهاز. ← ....
b. أضاعت رخصة القيادة. ← ....
c. تركنا مفاتيح الشّقة مع أخينا. ← ....
d. اعترفَ بخطئه. ← ....
e. كَويتُ القمصان الجديدة. ← ....
f. لعبوا في ساحة المدرسة. ← ....

CHAPITRE 16 : LES PARTICULES

9 Reformulez ces phrases en leur donnant un sens d'injonctif grâce à la particule لـِ.

a. هو يدرسُ في مكتبة الجامعة. ← ....
b. نمشي على الرّمل السّاخن. ← ....
c. هي تساعدُ أباها في إدارة الشّركة. ← ....
d. هما يعتنيان بصحّتهما. ← ....
e. هم يغسلون الأطباق الوسخة. ← ....
f. هما تسكنان مع زميلتهما. ← ....

10 Complétez chacune des phrases ci-dessous avec la bonne particule parmi les suivantes :

لم / لن / لكي / سوفَ / لِـ / لا

a. .... تندمون على ما فعلتم!
b. .... نشاركَ في النّدوة الأسبوع القادم.
c. .... يُساهموا في هذا العمل الخيريّ!
d. .... تُعرّضي بشرتك من دون وقاية لأشعّة الشّمس القويّة.
e. .... تُذاكرنَ جيّداً للامتحان.
f. طلبَ قرضاً من البنك .... يشتريَ بيتاً في الجبل.

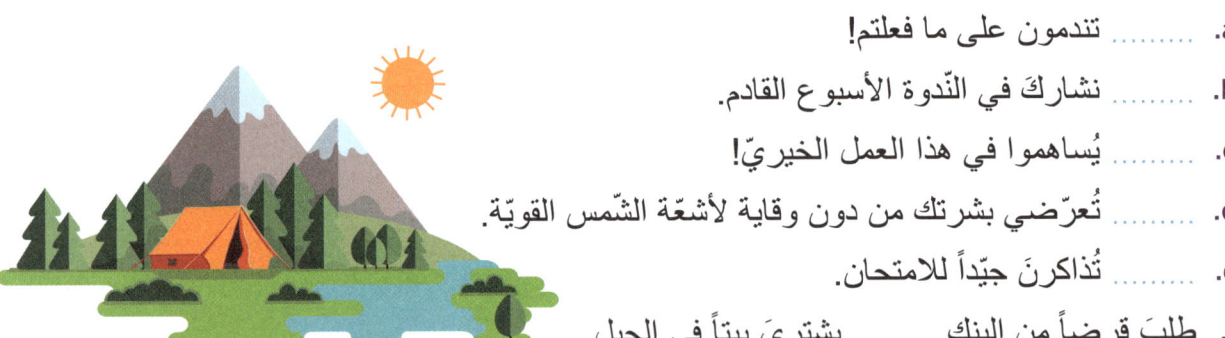

Banque de mots

بشرة	peau
خطأ	erreur
رمل	sable
ساهم في	participer, contribuer
عرّض	exposer
عمل خيريّ	œuvre de bienfaisance
قالب حلوى	gâteau

لازم	nécessaire
نفايات	ordures
وقاية	protection

CHAPITRE 16 : LES PARTICULES

Les particules (3)

Outre ces particules suivies de verbes, il y en a d'autres qui ne sont jamais accompagnées directement d'un verbe mais d'un nom au cas direct ou d'un pronom affixe – le prédicat reste au cas sujet. On les appelle إنّ et ses sœurs :

que*	إنَّ
que**	أنَّ
comme si	كأنَّ
peut-être	لعلَّ
mais, cependant	لكنَّ / ولكنَّ
pourvu que, si seulement...	ليتَ

* On a vu إنّ en tant que conjonction, dans sa fonction de *certes*, mais après le verbe قال، يقول (*dire*), c'est une particule au sens de *que* : قال إنّه جوعان. → *Il a dit qu'il avait faim.*

** En ce qui concerne أنّ, c'est aussi une particule du sens *que* qui se trouve avec des verbes ou des locutions exprimant une pensée, une constatation, une estimation, une information ou même une certitude. Parmi ces verbes et tournures, on trouve :

informer	أخبر، يخبر بـ	raconter	روى، يروي
croire	اعتقد، يعتقد	prétendre	زعم، يزعم
annoncer	أعلن، يعلن	douter	شكّ، يشكّ في
découvrir	اكتشف، يكتشف	penser, croire	ظنّ، يظنّ
il a été prouvé que, il est prouvé que	ثبت، يثبت	savoir	علم، يعلم
estimer, penser	حسب، يحسب	penser, réfléchir	فكّر، يفكّر
mentionner	ذكر، يذكر	il est connu	مِن المعروف
		il est sûr	مِن المؤكّد

❙❙ Complétez les phrases suivantes avec la bonne particule parmi les suivantes :

ليتَ / لعلّ / إنّ / أنّ / ولكنّ / كأنّ

a. .... الطقسَ مشمسٌ اليوم فنذهب إلى شاطئ البحر.

b. .... وجهَها القمر!

c. .... السّماءَ تُمطر اليوم.

d. وصلته الرّسالة ....ـه لم يقرأها.

e. اعتقدتُ .... الباب مقفل.

f. .... المسافرين يعودون!

CHAPITRE 16 : LES PARTICULES

12 Remplacez le nom qui suit la particule dans les phrases suivantes par le pronom affixe correspondant.

a. من المعروف أنّ الأهرامات من المواقع السّياحيّة المصريّة المهمّة.

← ....

b. لعلّ الأطبّاء يجدون طريقة علاج مبتكرة لحالته.

← ....

c. ليت أستاذه يدعمه لإيجاد وظيفة في الجامعة.

← ....

d. حضّرت قالبَ حلوى لكنَّ ضيفاتها يتّبعن نظام حمية.

← ....

e. إنّ الطّالباتَين تحتفلان بنجاحهما.

← ....

f. كأنَّ الجمال وردة مصيرها الذّبول.

← ....

13 Corrigez les erreurs dans les phrases suivantes.

a. ليتَ الشّبابُ يعود يوماً! ← ....
b. أنّ البحرَ هائجٌ دائماً في هذه المنطقة. ← ....
c. لعلَّ الرّاسبان هذه السّنة ينجحان السّنة المقبلة. ← ....
d. أجّلتُ المحاضرة ولكنّ المدعوّون لم يُبَلّغوا بالأمر. ← ....
e. انقضَّ على خصمه وكأنَّهُ أسداً. ← ....
f. من المؤكّد إنّهم لن يأتوا. ← ....

CHAPITRE 16 : LES PARTICULES

14 Réécrivez les phrases suivantes en introduisant la particule ou l'expression donnée entre parenthèses et en faisant attention à appliquer la bonne déclinaison au sujet et au prédicat.

a. الوضعُ الاقتصاديّ يتحسّن في البلد. (لعلّ)

← ....

b. موظّفو هذه الشّركة يعملون تسع ساعات في اليوم. (إنّ)

← ....

c. موظّفٌ في قسم المحاسبة اختلس مبلغاً من المال. (سنُخبرهُ بأنّ)

← ....

d. معلّمو هذه المدرسة يُدركون أهمّية تشجيع التّلاميذ. (ليتَ)

← ....

e. بيتُه قصر! (كأنَّ)

← ....

f. سارقٌ أتى ليلاً. (رويتما أنّ)

← ....

15 Traduisez en français les phrases suivantes.

a. نعلم أنّهم كانوا يعيشون في دمشق. ←...................................

b. ليتَ صحّة المريض تتحسّن! ←...................................

c. زعموا أنّهم يملكون قصراً في الرّيف. ←...................................

d. حسبتُ أنّها سافرت أمس. ←...................................

e. ثبتَ أنّ المتّهم في هذه القضيّة بريء. ←...................................

f. أعتقد أنّكَ أخطأتَ في تحليلك. ←...................................

16 Traduisez en arabe les phrases suivantes.

a. Ils ont mentionné qu'ils travaillaient au ministère de l'Agriculture.

→ ....

b. J'ai cru que c'était sa sœur.

→ ....

CHAPITRE 16 : LES PARTICULES

c. Il lui faisait confiance, mais il a découvert qu'elle lui mentait.

→ ....

d. Elle a annoncé qu'elle démissionnait.

→ ....

e. Nous doutons que cette histoire soit vraie.

→ ....

f. Vous croyez que son père a voyagé.

→ ....

Banque de mots

أجّلَ، يؤجّلُ	reporter, ajourner	حقيقيّ	vrai
أخطأ، يخطئُ	se tromper	دعمَ، يدعمُ	soutenir
أدركَ، يدركُ	prendre conscience	ذبول	fait de se faner, de se flétrir
أسد	lion	الشّباب	jeunesse
أسهل	plus facile	مال	argent
انقضَّ على، ينقضُّ على	attaquer	مبتكر	innovant
الأهرامات	les pyramides	مصير	destin
أهمّية	importance	مُقفل	fermé
بريء	innocent	ملكَ	posséder
بلّغَ، يبلّغُ	informer	وزارة الزّراعة	ministère de l'Agriculture
تحليل	analyse		
تشجيع	fait d'encourager		

مبروك! (*Félicitations !*)
Vous êtes venu(e) à bout du chapitre 16 !
Il est maintenant temps de comptabiliser les icônes et de reporter le résultat en page 128 pour l'évaluation finale.

Les phrases conditionnelles

Exprimer une condition (si)

En arabe, il existe plusieurs particules qui introduisent des phrases conditionnelles. Nous ne reprendrons dans ce chapitre que trois d'entre elles, qu'on pourrait traduire en français par *si*. Ainsi, selon qu'on souhaite exprimer une condition éventuelle, potentielle ou irréelle, on pourra opter pour la particule appropriée parmi les trois suivantes :

- **pour l'éventuel** (une condition réalisable) on emploie إذا, exemple :
➜ إذا أتى ذهبنا / نذهبُ إلى المطعم. *S'il vient, nous irons au restaurant.*

Dans cette construction, le verbe de la subordonnée est toujours à l'accompli (sans pour autant indiquer une action passée) alors que celui de la principale peut être à l'accompli ou à l'inaccompli indicatif.

La principale peut être précédée de la particule فَـ (*alors, donc, ainsi…*), notamment lorsqu'elle est composée d'une phrase nominale, lorsqu'elle est à la forme négative ou lorsque le verbe est au futur (avec سَـ ou سوفَ). Exemple : إذا سهرَتْ كثيراً فسوفَ تتعب.
➜ *Si elle veille trop, alors elle sera fatiguée.*

- **pour le potentiel** (hypothèse) on emploie :
إن : ➜ إنْ أتى ذهبنا إلى المطعم. *S'il vient, nous irons au restaurant / S'il venait, nous irions au restaurant.*

Dans cette construction, les verbes de la principale et de la subordonnée se mettent généralement tous les deux à l'accompli (sans pour autant donner un sens passé à la phrase, car إنْ confère à l'hypothèse une connotation future) ou à l'apocopé. Exemples : إن درستَ نجحتَ. ➜ *Si tu étudiais, tu réussirais.*

➜ إن تدرسْ تنجحْ. *Si tu étudies, tu réussiras.*

La principale de la phrase conditionnelle introduite par إن est précédée de la conjonction فَـ (*donc/alors*) lorsqu'elle est formée par une phrase nominale, lorsqu'elle implique une injonction ou lorsqu'elle comporte un verbe « figé » (tel que ليسَ). Exemple : إن أردْتَ النجاحَ فعليكَ الدّراسة. ➜ *Si tu veux réussir, alors tu dois étudier.* Ici, la principale est une phrase nominale en arabe, d'où l'emploi de la particule فَـ.

CHAPITRE 17 : LES PHRASES CONDITIONNELLES

• **Pour l'irréel** (hypothèse irréalisable ou irréalisée), on emploie لو. Cette particule, tout comme إذا et contrairement à إن, n'induit pas l'emploi de l'apocopé. Elle indique que l'action n'a pas eu lieu.

Dans cette construction, le verbe de la principale :

• doit être précédé de لَـ qui est une particule de renforcement (l'équivalent de *certes/certainement/sûrement* en français), lorsqu'il est à l'accompli affirmatif. Exemple : لو أتى لذهبنا إلى المطعم. → *S'il était venu, nous serions (certainement) allés au restaurant* ;

• peut être précédé ou non de la particule de renforcement لَـ lorsqu'il est à l'accompli négatif. Exemple : لو أتى ما ذهبنا إلى المطعم. / لو أتى لما ذهبنا إلى المطعم. → *S'il était venu, nous ne serions pas allés au restaurant. / S'il était venu, nous ne serions (certes, sûrement) pas allés au restaurant.*

❶ **Reliez chaque subordonnée à la principale qui lui correspond.**

a. إذا الشّعب يوماً أراد الحياة •	1. • فالسّكوت من ذهب.
b. إذا رأيتَ نيوب اللّيث بارزةً •	2. • فهي الشّهادة لي بأنّي كاملُ. (المتنبّي)
c. إذا كانَ الكلام من فضّة •	3. • فلا تذكر خيانته السّابقة. (محمود درويش)
d. إذا جاءَكَ الفرح مرّة أخرى •	4. • فلا بدّ أن يستجيب القدر. (أبو القاسم الشّابي)
e. إذا أتتْكَ مذمّتي مِن ناقص •	5. • فلا تلم الريح إذا باحت بها للأشجار! (جبران خليل جبران)
f. إذا بُحتَ بأسرارك للريح •	6. • فلا تظنّنَ أنّ اللّيث يبتسمُ. (المتنبّي)

CHAPITRE 17 : LES PHRASES CONDITIONNELLES

2 Faites correspondre chacune des phrases de l'exercice précédent à sa traduction.

1. Si tu confies tes secrets au vent, ne reproche donc pas à ce dernier de les divulguer aux arbres !   ....

2. Si quelqu'un avec des défauts médit de moi devant toi, alors c'est la preuve pour moi que je suis parfait.   ....

3. Si la joie te visite une autre fois, ne te souviens donc pas de sa trahison passée.   ....

4. Si le peuple un jour désire la vie, alors inévitablement le destin la lui accorde.   ....

5. Si tu vois les canines du lion apparentes, ne crois donc pas qu'il est en train de sourire.   ....

6. Si la parole est d'argent, alors le silence est d'or.   ....

3 Complétez les phrases suivantes en conjuguant correctement le verbe de la subordonnée donné entre parenthèses.

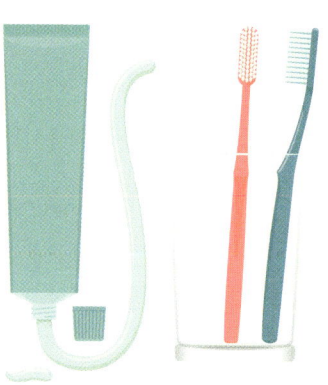

a. إذا (أرادَ – أنتَ) الاستيقاظ باكراً يجبُ أن تنامَ الآن.

b. إذا (اتّبعَ – هنّ) وصفات كتاب الطّهي سيحضّرنَ أشهى الأطباق.

c. إذا (رحلَ – هم) باتت الضّيعة مقفرة.

d. إذا (اشتركَ – أنتم) في المسابقة ستفوزون بالجائزة الكبرى.

e. إذا (فركَ – أنتما) أسنانكما بانتظام تحافظان على صحّتها.

f. إذا (ساعدَ – هما) زميلهما في أنهاء هذه المهمّة حقّقا أرباحاً كبيرة للشّركة.

111

CHAPITRE 17 : LES PHRASES CONDITIONNELLES

Banque de mots

استجابَ، يستجيبُ	accorder une demande, consentir	فركَ، يفركُ (أسنانه)	brosser (les dents)
باحَ، يبوحُ (بالسّرّ)	confier, révéler, divulguer un secret	قدر	destin
بارز	apparent	كامل	parfait, sans défaut
حافظَ على، يحافظُ على	préserver	لا بدّ	sûrement, inévitablement
حصدَ	récolter	لامَ، يلومُ	reprocher
خيانة	trahison	ليث	lion
ريح	vent	مذمّة	critique négative, médisance
سابق	précédent, passé	مقفر	désert (adjectif)
شهادة	témoignage, preuve (dans ce contexte)	ناقص	imparfait, avec des défauts
فرح	joie	نيوب	canines

4 Complétez les phrases avec le verbe donné entre parenthèses conjugué correctement.

a. إن مارستِ الرّياضة (خسرَ - أنتِ) .... وزنكِ الزّائد.

b. إن يأتوا معنا (حجزَ - نحن) .... طاولة في أفخم مطعم.

c. إن درستم جيّداً (نجحَ - أنتم) ....

d. إن نسافرْ إلى بلد جديد (أمضى - نحن) .... عطلة رائعة.

e. إن يعملنَ بنشاط (أنهى - هنّ) .... مهمّتهنّ سريعاً.

f. إن زرعَ المرء الخير (حصدَ - هو) .... الفرح.

CHAPITRE 17 : LES PHRASES CONDITIONNELLES

5. Corrigez les erreurs qui se sont glissées dans certaines des phrases suivantes.

a. إن تزورُني أُكرمْكَ.

← ....

b. إن تواجهي المشكلة انتصرتِ.

← ....

c. إن تأخّرتم في الوصول إلى المحطّة سيفوتُكم القطار.

← ....

d. إن عملَ كلّ موظّف بنشاط تزدهرُ الشّركة.

← ....

e. إن تُخبرانها بما حصل تتفهّم الموقف.

← ....

f. إن عرفوا ما به يمدّون له يد العون.

← ....

CHAPITRE 17 : LES PHRASES CONDITIONNELLES

6 Ajoutez la particule فَـ à la principale là où il faut.

a. إن أردتَ النّجاح اعملْ باجتهاد! ← ....

b. إن ربحوا المباراة اليوم هم أبطال! ← ....

c. إن تساعدوا المحتاج أنتم محسنون. ← ....

d. إن سلّمكم صديقكم سرّاً لا تبوحوا به لأحد! ← ....

e. إن ربحتما الجائزة مرّة بعد أنتما محظوظتان. ← ....

f. إن أخبرتني الحقيقة لستَ كاذباً. ← ....

Banque de mots

وزن زائد	surpoids
خسرَ، يخسرُ	perdre
أفخم	le plus luxueux
مهمّة	mission
المرء	homme, être humain
فاته القطار، يفوته القطار	rater son train
تفهّمَ، يتفهّمُ (الموقف)	comprendre (la situation)
مدّ، يمدُّ (يد العون)	tendre la main (pour aider)
اجتهاد	assiduité
محتاج	nécessiteux, celui qui est dans le besoin
محسن	bienfaiteur
محظوظ	chanceux

CHAPITRE 17 : LES PHRASES CONDITIONNELLES

7 Ajoutez la particule لَـ là où elle manque dans les phrases suivantes.

a. ← لو صبرتم نلتم مبتغاكم. ....

b. ← لو كتبنا بوضوح أكثر كانوا قرؤوا رسالتنا بسهولة. ....

c. ← لو طلبوا قرضاً من البنك نالوه. ....

d. ← لو لبّت الدّعوة كنّا فرحنا. ....

e. ← لو لزمَ الصّمت كانَ تفادى المشكلة. ....

f. ← لو عملا بنصيحتي ما كانا فُصلا من الوظيفة. ....

8 Reliez chacune des phrases de l'exercice précédent à sa bonne traduction.

1. S'il avait gardé le silence, il aurait (certainement) évité le problème. ....

2. S'ils avaient écouté mon conseil, ils n'auraient (certainement) pas été licenciés. ....

3. Si vous aviez été patients, vous auriez (certainement) obtenu ce que vous désiriez. ....

4. Si elle avait honoré l'invitation, nous aurions (certainement) été très contents. ....

5. S'ils avaient demandé un emprunt à la banque, ils l'auraient (certainement) obtenu. ....

6. Si nous avions écrit de façon plus claire, ils auraient (certainement) lu notre lettre facilement. ....

CHAPITRE 17 : LES PHRASES CONDITIONNELLES

9 Corrigez les erreurs qui se sont glissées dans certaines des phrases suivantes.

a. إن طرحتَ سؤالاً فأجبتك عليه. ← ....

b. إذا أرتكبْ خطأ فسوف أعتذرُ. ← ....

c. لو استمرَّ في نفاقه خاصمته. ← ....

d. إن أردتِ الوصول إلى هدفك ثابري في جهودك! ← ....

e. إذا تسمعان الموسيقى رقصتا. ← ....

f. لو علمنا أنّه في العاصمة لنزره. ← ....

10 Complétez les phrases suivantes par le verbe qui manque à la principale parmi les propositions suivantes :

كسرَ / تتفادي / افترقتما / ندمنا / نالوا / يُجيبُها

a. إن تدفعي الإيجار بانتظام .... مشكلة مع المالك.

b. إذا قدّموا لها الهدايا .... رضاها.

c. لو قرأ طريقة الاستعمال لما كانَ .... المكنسة الكهربائيّة.

d. إن أهملنا عملنا ....

e. إذا كلّمته فسوفَ ....

f. لو حافظتما على علاقتكما لما ....

CHAPITRE 17 : LES PHRASES CONDITIONNELLES

Banque de mots

ارتكبَ، يرتكبُ (خطأ)	commettre (une erreur)
بسهولة	facilement
بوضوح	de façon claire
تفادى، يتفادى	éviter
ثابرَ، يُثابرُ	persévérer
جهود	efforts
خاصمَ، يخاصمُ	se disputer avec
رضا	satisfaction
صبرَ، يصبرُ	être patient
طرحَ، يطرحُ سؤالاً	poser une question
عملَ، يعملُ بالنّصيحة	appliquer un conseil
فُصِلَ، يُفْصَلُ من الوظيفة	être licencié
لبّى، يلبّي (الدّعوة)	honorer une invitation
لزمَ، يلزمُ الصّمت	garder le silence
مبتغى	but, ce qui est désiré
نالَ، ينالُ	obtenir
نفاق	hypocrisie

مبروك! (*Félicitations !*)
Vous êtes venu(e) à bout du chapitre 17 !
Il est maintenant temps de comptabiliser les icônes et de reporter le résultat en page 128 pour l'évaluation finale.

SOLUTIONS

1. Les numéraux : généralités

❶ 1. g 2. e 3. b 4. i 5. c 6. h 7. a 8. d 9. f 10. j

❷
٩	٦	١	٣	٨	٧	٥	٤	٢
٣	٧	٤	١	٢	٨	٩	٦	٥
٢	٨	٥	٦	٧	٩	١	٣	٤
٨	٧	٢	٥	٦	٤	٣	٩	١
١	٢	٦	٥	٩	٣	٨	٤	٧
٩	٣	٨	١	٧	٥	٢	٦	٤
٥	٤	٧	٩	٨	٦	٢	١	٣
٦	٩	٧	٢	٣	٨	٥	٤	١
٣	١	٥	٤	٨	٢	٦	٧	٩

❸ a.واحد b. اثنان c. ثلاثة d. أربعة e. خمسة f. ستّة g. سبعة h. ثمانية i. تسعة j. عشرة k.

❹ إحدى عشرة، اثنتا عشرة، ثلاث عشرة، أربع عشرة، خمس عشرة، ستّ عشرة، سبع عشرة، ثماني عشرة، تسع عشرة.

❺

Nombre mystère : خمس عشرة

❻ a. اثنان وخمسون b. سبعة وثمانون c. مئة وتسعة وثلاثون d. مئتان وأربعة وستّون e. ثلاثمئة وثمانية عشر f. ألف وخمسمئة وواحد وتسعون g. أربعة آلاف وستّمئة وخمسة وسبعون h. سبعة آلاف وتسعمئة وثلاثة وأربعون i. عشرة آلاف وستّمئة وستّة وعشرون j. تسعة وستّون ألفاً وثمانية وأربعون

❼ a. سبعة في أحد عشر يساوي سبعة وسبعين b. ثلاثة وثلاثون ناقص ثمانية يساوي خمسة وعشرين c. أربعة عشر زائد خمسة عشر يساوي تسعة وعشرين d. أربعة وثمانون على أربعة يساوي واحد وعشرين e. ستّة وخمسون واثنا عشر يساوي ثمانية وستّين f. تسعة في تسعة يساوي واحد وثمانين g. عشرون ناقص أربعة عشر يساوي ستّة h. مئة وعشرون على اثنين يساوي ستّين i. سبعة في ثمانية عشر يساوي مئة وستّة وعشرون j. مئة واثنان وستّون وأحد عشر يساوي مئة وثلاثة وسبعين k. أربعمئة واثنان وسبعون ناقص مئة وعشرة يساوي ثلاثمئة واثنين وستّين l. خمسمئة وخمسون على خمسة وعشرين يساوي اثنان وعشرين

2. Compter les choses

❶
	numéraux masculins	numéraux féminins
1	واحد	واحدة
2	اثنان	اثنتان
3	ثلاث	ثلاثة
4	أربع	أربعة
5	خمس	خمسة
6	ستّ	ستّة
7	سبع	سبعة
8*	ثمان / ثماني	ثمانية
9	تسع	تسعة
10	عشر	عشرة

❷
	numéraux masculins	numéraux féminins
11	أحد عشر	إحدى عشرة
12	اثنا عشر	اثنتا عشرة
13	ثلاثة عشر	ثلاث عشرة
14	أربعة عشر	أربع عشرة
15	خمسة عشر	خمس عشرة
16	ستّة عشر	ستّ عشرة
17	سبعة عشر	سبع عشرة
18	ثمانية عشر	ثماني عشرة
19	تسعة عشر	تسع عشرة

❸
	numéraux masculins	numéraux féminins
24	أربعة وعشرون	أربع وعشرون
32	اثنان وثلاثون	اثنتان وثلاثون
48	ثمانية وأربعون	ثمان وأربعون
57	سبعة وخمسون	سبع وخمسون
61	واحد وستّون	إحدى وستّون
75	خمسة وسبعون	خمس وسبعون
86	ستّة وثمانون	ستّ وثمانون
93	ثلاثة وتسعون	ثلاث وتسعون

❹ a. رسب تسعة عشر طالباً في امتحان آخر السّنة. b. دعونا إلى حفلة عرسنا أربعمئة شخص. c. حضر المؤتمر مئتان واثنان وعشرون طبيباً. d. في مكتبة المدينة ألف وسبعمئة وثمان وسبعون مجلّة. e. أنهيتُ قراءة كتاب مؤلّف من خمسمئة صفحة. f. يعطي هذا الأستاذ أربعة دروس في اليوم في كلّية الآداب. g. تضمّ الأمم المتحدة مئة وثلاث وتسعون دولة.

❺ a. في كتاب "كان ما كان" لميخائيل نعيمه ستّ قصص. b. سافرنا إلى القاهرة قبل ثلاثة أسابيع. c. مضى على زواجهما نحو ثلاثين عاماً.

118

SOLUTIONS

④ a. الرّابعة الحادية عشرة. b. اللاعب التّاسع عشر
c. المسابقة السّادسة عشرة. d. الرّئيس الرّابع عشر
e. المحاولة الثّامنة عشرة. f. المباراة الثّانية عشرة
g. المشترك الثّالث عشر

⑤ a. السّاعة الخامسة والعشرون رواية للمؤلف فيرجيل جيورجيو.
b. سجّل اللاعب هدفاً في الدّقيقة التّاسعة والأربعين من المباراة.
c. احتفل المواطنون بالذّكرى الثّانية والخمسين لتحرير بلادهم.
d. النّدوة الرّابعة والسّتّون عن حقوق المرأة ستكون بحضور عدد من الوزراء.
e. قدّم المدير البرنامج التّاسع عشر لزيادة الأرباح في شركته.
f. البند الواحد والسّبعون من العقد يتناول شروط الصّفقة.
g. دعونا كلّ أفراد العائلة للاحتفال بعيد جدّي التّاسع والتّسعين.

d. يحتوي الكتيّب على مئة تمرين.
e. زار المتحف السّنة الماضية ألفاً وثلاثمئة وتسعين سائحاً.
f. بنت الحكومة في القرية الثّانية أر مدارس ابتدائيّة.
g. استغرق بناء المسجد مئة وأحد عشر يوماً.

⑥ a. ألف صحيفة. b. أربعة وعشرون بحثاً علميّاً. c. خمسة عشر مقالاً
d. سبعة ممثّلين. e. مئة واثنا عشر قاموساً. f. ستّمئة سياسيٌّ
g. إحدى عشرة طالبة.

⑦ a. حرّرت شيكاً بقيمة خمسة آلاف وثلاثمئة وأربعين درهماً.
b. أودعتُ في حسابي مليون ليرة.
c. كلّف فستان السّهرة مئة ألف جنيه.
d. صرفت الشّركة تسعة آلاف وتسعمئة وستّة عشر ريالاً.
e. اشترينَ الفواكه بعشرة دنانير.

⑥
	masculin	féminin
101e	الأوّل بعد المائة	الأولى بعد المائة
150e	الخمسون بعد المائة	الخمسون بعد المائة
1 015e	الخامس عشر بعد الألف	الخامسة عشرة بعد الألف
88e	الثّامن والثّمانون	الثّامنة والثّمانون
37e	السّابع والثّلاثون	السّابعة والثّلاثون
43e	الثّالث والأربعون	الثّالثة والأربعون

⑧ a. خمسة دنانير. b. اثنا عشر درهماً
c. ستّ وخمسون ليرة (لبنانيّة)
d. ثلاثمئة وسبعة وثمانون جنيهاً (مصريّاً)
e. ألف وثمانيمئة وخمسة وعشرون ريالاً

3. Les ordinaux et le temps

①
	ordinaux masculins	ordinaux féminins
1	اليوم الأوّل	السّنة الأولى
2	المدير الثّاني	المديرة الثّانية
3	البلد الثّالث	المدينة الثّالثة
4	الفصل الرّابع	الصّفحة الرّابعة
5	الزّميل الخامس	الزّميلة الخامسة
6	الطّابق السّادس	الشّقة السّادسة
7	الفتى السّابع	الفتاة السّابعة
8	الصّفّ الثّامن	الجامعة الثّامنة
9	الدّرس التّاسع	الأمثولة التّاسعة
10	المعلّم العاشر	المعلّمة العاشرة

⑦ 1. c. 2. f. 3. b. 4. a. 5. d. 6. e.

⑧ a. كم السّاعة؟ - السّاعة الواحدة والنّصف
b. كم السّاعة؟ - السّاعة الثّامنة
c. كم السّاعة؟ - السّاعة العاشرة والرّبع
d. كم السّاعة؟ - السّاعة الثّالثة إلّا الثّلث
e. كم السّاعة؟ - السّاعة السّادسة إلّا الرّبع
f. كم السّاعة؟ - السّاعة السّابعة والثّلث

②
a. La première année. السّنة الأولى
b. Le sixième jour. اليوم السّادس
c. La troisième heure. السّاعة الثّالثة
d. La septième minute. الدّقيقة السّابعة
e. Le neuvième mois. الشّهر التّاسع

⑨ 1. Il est maintenant 11 h 05.
2. Il est maintenant 22 h 24. 3. Il est maintenant 16 h 12.
4. Il est maintenant 2 h 59. 5. Il est maintenant 00 h 06.
6. Il est maintenant 5 h 10.

⑩ a. السّاعة الآن الحادية عشرة وسبع وأربعون دقيقة ليلاً.
b. السّاعة الآن السّابعة وإحدى وعشرون دقيقة صباحاً.
c. السّاعة الآن العاشرة وستّ وخمسون دقيقة صباحاً.
d. السّاعة الآن الثّانية وأربع وثلاثون دقيقة بعد الظّهر.
e. السّاعة الآن الخامسة وثماني دقائق بعد الظّهر.
f. السّاعة الآن التّاسعة واثنتا عشرة دقيقة مساءً.

③
	masculin	féminin
onzième	حادي عشر / الحادي عشر	حادية عشرة / الحادية عشرة
douzième	ثاني عشر / الثّاني عشر	ثانية عشرة / الثّانية عشرة
treizième	ثالث عشر / الثّالث عشر	ثالثة عشرة / الثّالثة عشرة
quatorzième	رابع عشر / الرّابع عشر	رابعة عشرة / الرّابعة عشرة
quinzième	خامس عشر / الخامس عشر	خامسة عشرة / الخامسة عشرة
seizième	سادس عشر / السّادس عشر	سادسة عشرة / السّادسة عشرة
dix-septième	سابع عشر / السّابع عشر	سابعة عشرة / السّابعة عشرة
dix-huitième	ثامن عشر / الثّامن عشر	ثامنة عشرة / الثّامنة عشرة
dix-neuvième	تاسع عشر / التّاسع عشر	تاسعة عشرة / التّاسعة عشرة

4. Les verbes modaux

① a. أتغلّبُ على كلّ الصّعوبات.
→ أستطيع التغلّب على كلّ الصّعوبات. / أستطيع أن أتغلّب على كلّ الصّعوبات.
b. يحقّقُ نجاحاً باهراً. → استطاع تحقيق نجاحاً باهراً. / استطاع أن يحقّق نجاحاً باهراً.
c. نربحُ الجائزة الكبرى في البرنامج. → نستطيع ربح الجائزة الكبرى في البرنامج. / نستطيع أن نربحَ الجائزة الكبرى في البرنامج.
d. تقرأُ ستّة كتبٍ في الشّهر. → تستطيع قراءة ستّة كتب في الشّهر. / تستطيع أن تقرأَ ستّة كتبٍ في الشّهر.
e. أترجمُ قصيدة من الفرنسيّة إلى العربيّة. → أستطيع ترجمة قصيدة من الفرنسيّة إلى العربيّة. / أستطيع أن أترجمَ قصيدة من الفرنسيّة إلى العربيّة.

SOLUTIONS

d. عليكِ أن توصلي المريض إلى المستشفى.
e. لا بدّ لها مِن إكرام ضيوفها. f. لا بدّ لهنّ مِن الاعتذار.

5. L'imparfait

❶ a. كان حبيب وسامية يشاهدان مسرحيّة غنائيّة. / حبيب وسامية كانا يشاهدان مسرحيّة غنائيّة.
b. (هي) كانت تدرّس الفلسفة في جامعة القاهرة.
c. كان المخرج يصوّر إعلاناً لوكالة سفر. / المخرج كان يصوّر إعلاناً لوكالة سفر.
d. (أنتنّ) كنتنّ تقدّمنَ نشرة الأنباء.
e. كان أعضاء اللّجنة ينتخبون رئيساً جديداً كلّ عام في شهر أيّار. / أعضاء اللّجنة كانوا ينتخبون رئيساً جديداً كلّ عام في شهر أيّار.
f. (أنتما) كنتما تمارسان السّباحة في النّادي الرّياضيّ.

❷ a. أنا b. هي c. هما d. هنّ e. (مؤنّث ♀) أنتم f. أنتِ

❸ a. كان الضّيوف يجلسون في غرفة الطّعام لتناول العشاء.
b. كانت المذيعات يجتمعن لتحضير النّشرة الجوّيّة.
c. كانت الوالدة تشتري الفواكه الطّازجة مِن السّوق.
d. كانت هذه الدّولة النّامية تستورد كمّيات كبيرة مِن الموادّ الغذائيّة.
e. كان سامي وليلى يشربان عصير فواكه في مقهى الجامعة.
f. كان أحمد يذهب إلى مكتب البريد ليرسل طرداً إلى صديقه.

❹ a. ما كانت العطلة تنتهي بسرعة.
b. ما كانوا يزورون جدّتهم كلّ أسبوع.
c. ما كنتُ أعود ظهراً مِن المكتب إلى البيت لتناول الغداء.
d. ما كان أحمد وسامي يعملان في نفس الشّركة.
e. ما كنتِ تحبّين النّظر إلى غروب الشّمس.
f. ما كانا يبحثان عن شقّة للسّكن في وسط المدينة.

❺ a. لم تكنّ تشاركنَ في الانتخابات البلديّة.
b. لم أكنْ أكتب مقالات في الصّحيفة.
c. لم تكنْ تذهب إلى السّينما مرّتين في الأسبوع.
d. لم تكوني تشترين التّذاكر مباشرةً مِن المحطّة، قبل سفركِ بساعة.
e. لم يكنْ زملاؤه يساعدونه في تحضير الاجتماع مع المدير.
f. لم نكنْ نستريح على الأريكة في غرفة الجلوس.

6. Le plus-que-parfait

❶ a. كان البنك قد وافقَ على القرض المطلوب.
b. كان المدير قد طرد الموظف غير الأمين.
c. كان خبّاز الحيّ قد حضّر الخبز الطازج في الصباح الباكر.
d. كانت الجدّة قد روت لأحفادها قصصاً قرب الموقد.
e. كان خالي قد اصطاد السمك لإطعام عائلته.
f. كان المالك قد أجّر شقّته الفاخرة للأثرياء.

❷ a. أضاع المسافر الحقيبة التي كان قد أخذها معه.
b. صحّح المعلّم أوراق امتحان الطالبات اللواتي كان قد علّمهنّ الشهر الماضي.
c. حدّد المخرج موعداً لعرض المسرحيّة الغنائيّة التي كان قد كتبها مع زميله.
d. دافع المحامي عن المتّهمين الذين كان قد وعدهم بحكم البراءة.
e. قدّمت المذيعة البرنامج الذي كانت قد حضرته عن البيئة.
f. التزمت السيّدة بنظام الحمية الذي كانت قد وصفته لها أخصّائيّة التغذية المعروفة.

❸ a. هي اشترت الفستان الأخضر الذي كانت قد اختارته عند مصمّم أزياء مشهور.
b. الوالدة لم تأخذ معها إلى الدكّان لائحة المشتريات التي كانت قد

---

f. نشتركُ في مسابقة الجري الّتي تُنظّمها مدينتنا. ← نستطيع الاشتراك في مسابقة الجري الّتي تُنظّمها مدينتنا. / نستطيع أن نشترك في مسابقة الجري الّتي تنظّمها مدينتنا.

❷ 1. b. 2. a. 3. b. 4. c.

❸ a. لا ينبغي علينا أن ندخلَ منزلكم.
b. يجب عليكَ أن تشربي الماء.
c. هل يُمْكِنُكَ أن تشرحَ لي درس الجغرافيا؟
d. يجب عليها أن تلبسَ فستان السّهرة الرّماديّ.
e. ينبغي عليكم أن تحجزوا غرفة في الفندق.
f. هل يُمْكِنُكنَّ أن تفتحنَ باب المدخل للضّيوف؟

❹ 1. a. 2. b. 3. c. 4. a. 5. c. 6. a.

❺ a. Avons-nous le droit de voyager dans ce pays sans visa ?
b. Il faut absolument que tu signes le contrat d'achat.
c. Il se peut qu'il neige aujourd'hui. d. Il lui plaît qu'il danse avec elle. e. Je suis honoré(e) de travailler dans votre entreprise. f. Il est triste d'apprendre [d'entendre] la nouvelle du décès de son oncle maternel.

❻ a. مِن المستحيل أن تثلجَ في الصّيف!
b. مِن الضّروريّ أن تحصلي على تأشيرة للسّفر إلى هذا البلد.
c. مِن المفروض أن نزورَ خالنا المريض.
d. مِن الواجب أن نحترمَ القانون.
e. مِن الممكن أن يصلَ غداً.

❼ a. مِن اللّازم أن ينعقد الاجتماع هذا المساء.
b. مِن الضّروريّ أن يقومَ الطّبيب بعمليّة جراحيّة لإنقاذ المريض.
c. مِن الممكن أن ينسحبوا مِن المباراة.
d. مِن المستحيل أن ترسبي إذا درستِ جيّداً للامتحان.
e. مِن الواجب أن تنتظري أباك في المحطّة.

❽ 1. e 2. c 3. a 4. b 5. h 6. g 7. d 8. f

❾ a. مِن المرجّح أن يحضرَ الوزير النّدوة.
b. مِن المحتمل أن يربحوا مباراة كرة اليد.
c. مِن المقرّر أن يجتمعنَ في المكتب لمناقشة جدول الأعمال.
d. مِن المتّفق عليه أن نوقّعَ الصّفقة بعد الاجتماع اليوم.
e. مِن المعتاد أن تزوروا جدّتكم في عطلة نهاية الأسبوع.
f. مِن المستحسن أن تسافروا إلى لبنان في الصّيف.
g. مِن المتوقّع أن تصلَ الطّائرة في السّاعة السّابعة مساءً.

❿ 1. e 2. d 3. b 4. a 5. c

⓫ مِن الثّابت أنّ التّدخين مضرّ بالصّحّة. مِن المعروف أنّ التّبغ يحتوي على موادّ سامّة. مِن المفهوم أنّ السّجائر تسبّب أمراضاً كثيرة. بالإضافة إلى الضّرر بالصّحّة، مِن الجدير بالذّكر أنّ التّدخين يؤثّر سلباً على الوضع الماديّ للمدخّن. ومِن الواضح أنّ المستفيد الأوّل هو شركات التّبغ العالميّة.

⓬ a. عليها أن تسكنَ قرب الكلّيّة. b. عليكم أن تساعدوا أقرباءكم.
c. عليهم أن يسخّنوا الطّعام. d. عليهنّ أن يدرسنَ الفصحى.
e. عليكَ أن تطلبَ رقم هاتفه.

⓭ a. لا بدّ لها مِن الذّهاب عند طبيب الأسنان.
b. لا بدّ لكَ مِن صعود الدّرج.
c. لا بدّ لهنّ مِن كتابة رسالة إلى المدير.
d. لا بدّ لنا مِن بيع منزلنا.
e. لا بدّ لي مِن قراءة هذه الرّواية.

⓮ a. لا بدّ له مِن الاشتراك في الحفلة. b. علينا أن نتنازلَ عن حقوقنا.
c. لا بدّ لكم مِن حلّ هذه المشكلة.

SOLUTIONS

d. وَضَعَ هاني المال على الحساب المصرفيّ.
e. يَكْتُبُ المعلّمون دروس التاريخ والجغرافيا على اللّوح.
f. نَظَمَ الشّاعر المعروف القصيدة.

7 طَلَبَ الطّاقم من ركّاب الطّائرة الّتي كانت متّجهة إلى القاهرة اليوم، النّزول. فقد وَضَعَت شركة الطّيران هذه الطّائرة، من دون إنذار سابق، على لائحة الطّائرات المشاركة في الرّحلة الرّسميّة لرئيس الجمهوريّة إلى نيويورك. لذلك، نَشَرَ الرّكّاب المستاؤون الخبر عبر مواقع التّواصل الاجتماعيّ. وكَتَبَ المسؤولون جواباً يؤكّد أنّ الشّركة قد حَجَزَت مقاعد لتأمين رحلة جديدة إلى القاهرة بأسرع وقت.

8

voix passive à l'inaccompli	voix passive à l'accompli	voix active
يُرَتَّبُ	رُتِّبَ	رَتَّبَ
يُقابَلُ	قوبِلَ	قابَلَ
يُرْسَلُ	أُرْسِلَ	أَرْسَلَ
يُسْتَلَمُ	اُسْتُلِمَ	اِسْتَلَمَ
يُسْتَقْبَلُ	اُسْتُقْبِلَ	اِسْتَقْبَلَ
يُدَرَّسُ	دُرِّسَ	دَرَّسَ
يُسْتَعْمَلُ	اُسْتُعْمِلَ	اِسْتَعْمَلَ

9 a. عولِجَ المريض مجّاناً على يد الطبيب المحسن.
b. حُضِّرَت الأطباق الشّهيّة على يد طاهي الفندق.
c. أُسْتُخْرِجَت الأمثلة من النّص على يد التّلاميذ.
d. رُقِّصَت الابنة في يوم عرسها على يد والدها.
e. أُرْسِلَ طرد إلى سامية على يد صديقتي.
f. أُجْلِسْنا قرب النّافذة على يد النّادل في المطعم.

10 a. يُكَرَّمُ الضّيوف على يد العائلة. b. تُسْتَخْدَمُ الغسّالة طيلة النّهار.
c. تُشاهَدُ المسرحيّة من قِبَل المخرجين.
d. يُحْتَرَمُ المحسنون لأعمالهم الصّالحة. e. تُسْتَكْمَلُ دراسته الجامعيّة.
f. تُنْتَظَرُ نتيجة الامتحان بفارغ الصّبر من قِبَل الطّلّاب.

8. Les participes verbaux

1

participe passif	participe actif	
مَحْمود	حامِد	حمَدَ
مَجْروح	جارِح	جرَحَ
مَشْروب	شارِب	شرِبَ
مَرْبوط	رابِط	ربَطَ
مَرْفوع	رافِع	رفَعَ
مَحْضون	حاضِن	حضَنَ
مَحْذوف	حاذِف	حذَفَ

2

participe passif	participe actif	racine
مربوح	رابِح	ربح
مشروح	شارِح	شرح
معلومة	عالِمة	علم
ملبوس	لابِس	لبس
منسوج	ناسِج	نسج
منسوخ	ناسِخ	نسخ
منشور	ناشِر	نشر

3 a. هي تنتظر صديقتها في ردهة الفندق واقفة.

وضعتها على الطاولة.
c. استقبل مدير كلّيّة الآداب الطلّاب الجدد الذين كانوا قد نجحوا في امتحان الدخول.
d. شربتُ الشاي بالنعناع الذي كانت أمّي قد حضّرته.
e. رحّبت المضيفة بالراكبات اللواتي كنّ قد وصلْنَ إلى الطائرة.
f. حضّر الطبّاخ الوصفتين اللتين كان قد وجدهما في كتاب الطهي المغربيّ.

4 a. ما كنتُ قد زرتُ آثارا بعلبك عندما ذهبتُ إلى لبنان.
b. ما كنتما قد قدّمتما طلباً للحصول على تأشيرة دخول إلى أميركا.
c. ما كان الطبيب قد وصف دواء للمريض.
d. ما كنّا قد قرأنا المجلّة.
e. ما كانت الرسّامة قد باعت لوحاتها في المعارض الكبرى.
f. ما كنتم قد اشتريتم تذاكركم عندما أعلنت شركة السفر عن العرض الخاصّ.

5 a. لم تكن الطبيبة قد استأصلت الورم.
b. لم تكنّ قد شاركتنّ في مهرجان الموسيقى الكلاسيكيّة.
c. لم يكونوا قد ربحوا كأس العالم لكرة القدم.
d. الزبائن لم يكونوا قد توقّفوا عن الذهاب إلى دكّان الحيّ عندما فتح المركز التجاري الكبير.
e. لم يكن ساعي البريد قد ترك الطرد عند البوّاب.
f. السائقان لم يكونا قد أضاعا رخصة القيادة.

7. Le passif

1

voix passive à l'inaccompli	voix passive à l'accompli	voix active
يُسْمَعُ	سُمِعَ	سَمِعَ
يُشْرَحُ	شُرِحَ	شَرَحَ
يُشْرَبُ	شُرِبَ	شَرِبَ
يُضْرَبُ	ضُرِبَ	ضَرَبَ
يُفْهَمُ	فُهِمَ	فَهِمَ
يُكْسَرُ	كُسِرَ	كَسَرَ
يُرْبَطُ	رُبِطَ	رَبَطَ

2 a. كَتَبَ المقال. → كُتِبَ المقال.
b. شرِب القهوة. → شُرِبَت القهوة. c. كَسَرَت المرآة. → كُسِرَت المرآة.
d. حَذَفْنا الصّورة. → حُذِفَت الصّورة.
e. دَرَسْتُما قاعدة النّحو. → دُرِسَت قاعدة النّحو.
f. حَضَنَت الأطفال. → حُضِنَ الأطفال.

3 a. وَزَنَ: وُزِنَ / يَزِنُ. b. يوزنُ وَهَبَ / وُهِبَ / يَهَبُ: يوهَبُ
c. وَضَعَ: وُضِعَ / يوضَعُ / يَضَعُ. d. وَرَثَ: وُرِثَ / يَرِثُ: يورَثُ
e. وَصَلَ: وُصِلَ / يوصَلُ / يَصِلُ. f. وَعَدَ: وُعِدَ / يوعَدُ / يَعِدُ.

4 a. توزنُ الفواكه. b. توهَبُ أملاك المحسن للفقراء.
c. توضَعُ الفساتين في الخزانة. d. يورَثُ البيت الكبير.
e. يوصَلُ الحبلان. f. يوعَدُ الأولاد بالسّفر إلى البحر الأحمر.

5 a. حُجِزَت غرفة في فندق رخيص من قِبَل المسافرة.
b. تُجْلَبُ لأمّي هديّة ثمينة من طرفنا.
c. رُفِضَ طلب القرض من طرف البنك.
d. تُدْفَعُ الضرائب على يد المواطنين.
e. فُتِحَت علبة الشوكولاتة على يد الأولاد.
f. نُشِرَت رواية جديدة من قِبَل الكاتبة.

6 a. صَنَعَ نجّارو الحيّ أثاث المنزل.
b. سَرَقَت الخادمة غير الأمينة عقد اللّؤلؤ.
c. غَسَلَت الأخت الكبرى الصّحون الوسخة.

SOLUTIONS

9. Les participes des verbes dérivés

❶
	participe passif	participe actif	
اجتمع	مُجتَمَع	مُجتَمِع	
احمرَّ	---	مُحمَرّ	
استهلَك	مُستَهلَك	مُستَهلِك	
أنقذ	مُنقَذ	مُنقِذ	
انكسَر	مُنكَسَر	مُنكَسِر	
تحرَّك	مُتحرَّك	مُتحرِّك	
تعاقب	مُتعاقَب	مُتعاقِب	
راجع	مُراجَع	مُراجِع	
فضَّل	مُفضَّل	مُفضِّل	

❷ a. حلَّل b. أصلَح c. استخرَج d. سابَقَ e. تسلَّقَ f. تقاسَم

❸ a. وجَّه الموظّف رسالة إلى المدير مُعلِناً فيها استقالته.
b. بانت أشعَّة الشمس من خلف الغيوم مُنعَكِسة على زجاج النّافذة.
c. صاح الأخ المستاء في وجه أخيه مُتنازِلاً عن حصّته في ميراث أبيهما.
d. عاد المهاجرون إلى الوطن مستثمرين في مشاريع ضخمة.
e. سقطت أوراق الشجر في الخريف مُصفَرَّة.
f. عبَّرنا عن ندمنا على ما فعلناه مُعتَذِرين من المتضرِّر.

❹
أ	خ	ر	ج	ا
ظ	ح	ا	ث	ع
ص	ظ	ي	د	ت
ا	د	ب	ل	ف
و	ت	ر	ب	د
ه	ا	ن	ل	ض
ا	ك	ة	ع	غ
س	ت	ه	د	ف
ب	ر	ج	ع	ع

❺ a. مُنظَّف b. مُدرَّج c. مُناقِش d. مُخضَرّ e. مُتذَكِّر f. مُحرَّك

❻ مُخرِج المسرحيّة مُكلَّف بتجهيز العرض المُقرَّر ليوم الخميس المُقبِل. هو مُنهَمِك بالتحضير مع المُمثِّلين المُدرَّبين على الأدوار. ها هو يعطيهم إرشاداته، مُقتَرِحاً تعديل بعض الحركات في الرقصة المُقدَّمة، مُستَبدِلاً جملة بجملة أخرى في النص. يبذل كلّ جهده كي يؤمِّن للمشاهد عرضاً مسرحيّاً مُمتِعاً.

participe passif	participe actif	racine
	مُخرِج	أخرَج
مُكلَّف		كلَّف
المُقرَّر		قرَّر
	المُقبِل	أقبَل
	مُنهَمِك	انهَمَك
	المُمثِّلين	مثَّل
المُدرَّبين		درَّب
	مُقتَرِحاً	اقتَرَح
المُقدَّمة		قدَّم
	مُستَبدِلاً	استَبدَل
	مُشاهِد	شاهَد
	مُمتِعاً	أمتَع

b. عبَّر العمّال عن استيائهم بعد طرد زميلهم ناشرين الخبر عبر مواقع التواصل الاجتماعيّ.
c. أغمضت الفتاة عينيها حالمة بمستقبل زاهر.
d. ينظر الطالب إلى ورقة زميله ناسخاً الأجوبة على أسئلة الامتحان.
e. توجَّه السجينات رسالة إلى رئيس الجمهوريّة طالبات العفو.
f. هنَّ يهاجرن من وطنهن راحلات إلى غير رجعة.

❹ a. حُكِمَ على القاتل بالسّجن المؤبَّد. b. قرأنا ما هو مكتوب.
c. جلب لكما النّادل مشروباً. d. قام الباحث باكتشاف عظيم.
e. انتقد الصحافيّ مقال زميله المنشور في جريدة اليوم.
f. هما راجعان من سفر طويل.

❺
	participe passif	participe actif	
شدَّ	شادّ	مشدود	
ردَّ	رادّ	مردود	
مدَّ	مادّ	ممدود	
صدَّ	صادّ	مصدود	
عدَّ	عادّ	معدود	
همَّ	هامّ	مهموم	
سمَّ	سامّ	مسموم	

❻ a. فقد اليائس صفاء الذهن. → يئس
b. أعطني الإناء المملوء بعصير الليمون. → ملأ
c. انتقدت القارئة كتاب المحلّل السياسيّ. → قرأ
d. البادئ بعمل ما يجب أن ينهيه. → بدأ
e. إنَّ هذا النصّ مأخوذ من كتاب "كليلة ودمنة" الذي ترجمه ابن المقفّع. → أخذ
f. يرفض عزيز النّفس أن يعيش مأموراً. → أمر

❼
و	ا	ز	ن	غ	آ
ا	و	ة	ص	ب	م
ص	ز	م	ؤ	ل	و
ف	ج	ا	و	ص	ل
ء	ظ	ض	ا	ق	ا
م	ع	و	ع	د	و
ت	ذ	ك	خ	ف	ع

❽ a. هو صائم في شهر رمضان. → صام
b. نحن نائمون في غرفة الطابق العلويّ. → نام
c. البحر هائج في هذا الفصل. → هاج
d. ارتفعت نسبة المبيعات في المركز التجاريّ لهذا الموسم. → باع
e. قدَّم المزورون قهوة بالهيل للضيوف. → زار
f. هنَّأ منظم المسابقة الرياضيّة الفائزين. → فاز

❾ a. أضاع راعٍ خروفاً من قطيعه. → رعى
b. استعدنا الذكريات المنسيّة. → نسي
c. أنا مدعوّ إلى حفل افتتاح معرض الكتاب. → دعا
d. واست الأمّ طفلتها الباكية. → بكى
e. تستمرّ الصّداقات المبنيّة على الإخلاص. → بنى
f. وجدتما أوراق مهمة مرميّة في الشّارع. → رمى

❿ a. شاكٍ b. منهيّ c. راضٍ d. باقٍ e. معلّق f. دانٍ

11. D'autres particularités de verbes

❶
a. كانَ البردُ قارساً.
b. أنتم كنتم متأكّدين من أنّه قدّم استقالته.
c. ليلى وآمال كانتا في ردهة الفندق عندما وصلت سيّارة الأجرة.
d. هم كانوا مقتنعين برأيي والدهم.
e. رامي وهاني كانا طالبَيْن مجتهدَيْن.
f. كانت الدّول العربيّة مجتمعة لدراسة كيفيّة تمويل المشاريع الإقليميّة.

❷
a. لن تكونوا في المطار لاستقباله عند وصوله من دبي.
b. لن تكوني في المكتب غداً لحضور الاجتماع.
c. ما كنتما / لم تكونا في حفلة انتخاب ملكة الجمال البارحة.
d. مصمّمو الأزياء كانوا في مهرجان الموضة في باريس الأسبوع الفائت.
e. كان الفارابي فيلسوفاً مشهوراً.
f. لم يكونوا واثقين من صفاء نيّته.

❸

	أصبح		صار	
	accompli	inaccompli	accompli	inaccompli
أنا	أصبحتُ	أصبحُ	صرتُ	أصيرُ
أنتَ	أصبحتَ	تُصبحُ	صرتَ	تصيرُ
أنتِ	أصبحتِ	تُصبحين	صرتِ	تصيرين
هو	أصبحَ	يُصبحُ	صارَ	يصيرُ
هي	أصبحتْ	تُصبحُ	صارت	تصيرُ
نحن	أصبحنا	نُصبحُ	صرنا	نصيرُ
أنتم	أصبحتم	تُصبحون	صرتم	تصيرون
أنتنّ	أصبحتنّ	تُصبحنَ	صرتنّ	تصرنَ
هم	أصبحوا	يُصبحون	صاروا	يصيرون
هنّ	أصبحنَ	يُصبحنَ	صرنَ	يصرنَ
أنتما	أصبحتما	تُصبحان	صرتما	تصيران
هما	أصبحا / أصبحتا	يُصبحان / تُصبحان	صارا / صارتا	يصيران / تصيران

❹
a. صار الجوُّ بارداً.
b. أصبحت الحالة الاقتصاديّة متدهورةً في البلاد.
c. بات الضّيوف مستائين من طريقة استقبال ربّة المنزل.
d. أضحت فنادق المدينة مكتظّةً بالسّياح.
e. أمسى عطرُ الورود فائحاً في حديقتنا.
f. صار وزيرا الطاقة لهذين البلدين صديقَين حميمَيْن.

❺ a. 5 b. 3 c. 2 d. 1 e. 6 f. 4

❻
a. أنتِ تبقين اليوم عند خالتك وتعودين غداً إلى البيت.
b. هما ظلّا يتشاجران حتّى بزوغ الشّمس.
c. أنتم بقيتم تعملون في نفس الشّركة إلى أن تغيّر المدير العام.
d. هنّ ظللن واقفات في ردهة الفندق حتّى وصل سائقهنّ الخاص.
e. أنتما لبثتما في السّجن خمسة أشهر السّنة الماضية.
f. أنتم ستلبثون في نفس المنزل حتّى نهاية العام المقبل.

❼
a. ما زلنا نذكر طيب العيش في ضيعتنا.
b. داموا على حالهم من دون أيّ تحسّن أسابيع طويلة.
c. ما زلتُ أحبّ السّفر واكتشاف ثقافات جديدة.
d. ما زالوا يأكلون في مطعم الحيّ بالرّغم من أسعاره الغالية.
e. ما زلنَ يحببنَ عطر النّرجس.
f. ما زالتْ تنتظر عودة زوجها.

❽
a. La situation économique dans notre pays continue à se détériorer. b. Tant que vous payez le loyer de l'appartement avec régularité, vous ne vous disputerez pas avec le propriétaire.

10. Les verbes quadrilitères et leurs dérivations

❶

	برهن	تلفن
أنا	برهنتُ	تلفنتُ
أنتَ	برهنتَ	تلفنتَ
أنتِ	برهنتِ	تلفنتِ
هو	برهنَ	تلفنَ
هي	برهنتْ	تلفنتْ
نحن	برهنّا	تلفنّا
أنتم	برهنتم	تلفنتم
أنتنّ	برهنتنّ	تلفنتنّ
هم	برهنوا	تلفنوا
هنّ	برهنَّ	تلفنَّ
أنتما	برهنتما	تلفنتما
هما	برهنا - برهنتا	تلفنا - تلفنتا

❷

	زحزح	ثرثر
أنا	أزحزحُ	أثرثرُ
أنتَ	تَزحزحُ	تُثرثرُ
أنتِ	تَزحزحين	تُثرثرين
هو	يُزحزحُ	يُثرثرُ
هي	تَزحزحُ	تُثرثرُ
نحن	نَزحزحُ	نُثرثرُ
أنتم	تَزحزحون	تُثرثرون
أنتنّ	تَزحزحنَ	تُثرثرنَ
هم	يُزحزحون	يُثرثرون
هنّ	يُزحزحنَ	يُثرثرنَ
أنتما	تَزحزحان	تُثرثران
هما	يُزحزحان - تَزحزحان	يُثرثران - تُثرثران

❸
a. هي تُوشوشُ أمَّها حتّى لا يسمعها أخوها. ← وشوشَ
b. استطاع أن يُسيطِرَ على نفسه قبل فوات الأوان. ← سيطرَ
c. المشاهدون قهقهوا عندما زلقت قدم الممثّل المسكين على خشبة المسرح. ← قهقهَ
d. عرقلنا مشروعهم ولم نندم على ذلك! ← عرقلَ
e. هو دائماً يُفَلْسِفُ الأمورَ! ← فلسف
f. زحزحا الحجر الّذي كان يسدّ الطّريق. ← زحزحَ

❹
a. يُتأتِئُ الولد عند إلقاء القصيدة.
b. تُضَعضِعُ إفادة الشّاهد موقف المتَّهم في القضيّة.
c. تُغَرغِرون بالماء السّاخن لأنّ حلقكم يؤلمكم.
d. يُجَلجِلُ صوتَه في أرجاء المنزل.
e. تُخَشخِشُ أوراقُ الشّجر في مهبّ الرّيح.
f. يُغَمغِمون كلماتٍ مبهمة.

❺

ء	آ	غ	ب	س
ز	ل	ز	ا	ل
ظ	ل	ك	ض	س
ت	ب	ج	ت	ة
ا	ا	م	ث	ا
ب	و	خ	ر	ت
ع	ذ	ث	ظ	أ
ج	ط	ل	ر	ر
ع	ل	ر	غ	ث
ع	ق	ز	ل	ث

SOLUTIONS

5. a. صنع النّحّات التماثيلَ الرّائعة.
b. نُشر الخبر في الجرائد المعارضة.
c. بُنيَت الملاعبُ الرّياضيّة في العاصمة وضواحيها.
d. حلم الولد أن يكون كالبطل في الأقاصيص الجميلة.
e. يرتاد الأغنياءُ المشهورون هذه المدينة السّياحيّة.
f. اشترى والدها المزارعَ الكبيرة في الرّيف.

6. a. كتبتُ رسالة إلى سعادَ وأمّها.
b. زار إسحاقُ أختَه الكبرى في المستشفى.
c. دعوتُ عبيرَ إلى عيد ميلادي. d. باع أشرفُ شقّتَه في باريس.
e. ذهبنا إلى معرض الكتاب مع عمرَ وصديقته.
f. سلّمتُ على آمالَ في المطعم.

7. a. لبثنا في اليمنِ سنة.
b. سافرت ليلى إلى مصرَ الأسبوع الماضي.
c. يعيش عمّي في المغربِ.
d. تقع قطرُ في شرق شبه الجزيرة العربيّة.
e. قام المهندس بمشاريع ضخمة في عمّانَ.
f. للجزائر حدود مع تونسَ.

8. a. أهدى نوح إلى كريستينَ عقداً من اللؤلؤ.
b. أكلنا شوكولاتا بعد الغداء.
c. حضّرنا مشروباً ساخناً من كاكاو وحليب وسكّر.
d. التقينا في كافيتيريا الجامعة وشربنا قهوة وشاي.
e. مدريد هي عاصمة إسبانيا وروما هي عاصمة إيطاليا.
f. رحّبَت المضيفة بالرّكّاب الموجودين على متن الطّائرة المتّجهة إلى أوسلو.

ر	و	س	ا	و	ي	ع
ا	و	ك	و	ل	ا	ت
ي	ل	ا	س	ث	ق	ه
ث	ض	ي	ل	ر	ي	ي
ب	ر	م	ا	ي	س	ط
ت	د	ق	ز	ي	ب	ا
ك	ر	ي	س	ت	ي	ن
ك	ي	ف	م	خ	ن	ي
ن	ن	و	ح	ج	ا	غ

9. a. وصل محامي المتّهم إلى المحكمة.
b. اشتركنا في النّادي الرّياضيّ المشهور بتدريبات اللّياقة البدنيّة.
c. وضعت في إصبعها خاتماً غالياً.
d. يُطلّ منزله على وادٍ عميق.
e. تذكّرت الماضي الأليم وبكت.
f. لجدّي أثر باقٍ في قلبي طول العمر.

10. a. ضربه على رأسه بعصاً.
b. أصيبَ حارس المرمى بالتواء في كاحله.
c. سهرنا أمس في ملهىً معروف.
d. وضعتما الصّحون الوسخة في المجلى.
e. رأيتها تتحدّث مع فتىً غريب في ساحة الضّيعة.
f. استمعوا إلى أنغام الموسيقى العذبة.

13. Les irrégularités des substantifs : les cinq noms

1. a. هاجر أبوه عندما تدهورت الحالة الاقتصاديّة في البلد.
b. اعتمدوا كثيراً على أخيهم في حياتهم المهنيّة.
c. ناولت ليلى حماها حبّة الدّواء.
d. زرنا أبانا في منزله الجديد.

---

c. Le nombre de participants à la compétition n'a pas cessé de diminuer. d. Le temps n'a pas cessé d'être froid et la pluie de tomber. e. Le malade est toujours à l'hôpital. f. Je rends toujours visite à ma grand-mère quotidiennement.

9. a. أنشأ الخديوي محمد علي مطبعة مهمّة في مصر عام ١٨٢٠.
b. جعلوا يصرخون ويهدّدون خصومهم.
c. صار يملك أرضاً في وسط الضّيعة.
d. أخذَت ورود البستان تتفتّح.
e. جعلته مدير مسرح المدينة.
f. شرع الطّفل ينادي أمّه.

10. a. شرعتُ أدرس بعد العشاء. b. أخذا يتشاجران أمام ابنتهما.
c. جعلن يحضّرنَ الغداء. d. أنشأنا نبكي.
e. قامت تنظّف الغرفة.
f. شرعا يكتبان مقالاً عن الوضع الاقتصادي في البلد.

11. a. أوشكوا أن يصلوا إلى عمّان. b. كدنا نربح المسابقة.
c. أوشك المريض أن يتعافى.
d. أوشكتا أن تتّبعا نظام الحمية الّذي وصفته لهما أخصّائيّة التّغذية.
e. كادت السّفينة تغرق في هذه العاصفة. f. كادا ينفصلان.

12. a. Elle a failli le nommer rédacteur en chef du journal.
b. Ils (eux deux) ont failli se disputer, mais ils ont trouvé une solution à leur problème. c. L'automne est proche et les feuilles des arbres sont sur le point de tomber.
d. L'assiette a failli tomber sur le sol et se briser !
e. Elles sont sur le point de voyager. f. Les employés ont failli présenter leur démission.

12. Les diptotes, les défectueux et les indéclinables

1. a. وضعَ صديقَه في موقفٍ محرجٍ.
b. كانت الحضارةُ الفينيقيّةُ حضارةً سامية.
c. قام المؤرّخُ بدراسة معمّقة عن حركة الهجرةِ في المنطقة.
d. بلغ ممثّلو المسرحيّة ذروةَ شهرتهم بعد العرضِ الأخير.
e. لم تقرأ أبداً قصصَ "كليلة ودمنة".
f. في مقدّمة الكتابِ، نبذةٌ عن حياة المؤلّف.

2. a. دخلَت مريمُ مع ابنها إلى ساحة المدرسة.
b. زرنا مدينة بعلبكَّ من سنتَين.
c. سكنوا دائماً في منازلَ فخمة وعاشوا حياةَ رفاهية.
d. قام رئيسُ البلديّةِ بمشاريعَ إنمائيّة كبيرة في مدينته.
e. بعد هجرةِ أبنائها، باتت الضّيعةُ صحراءَ قاحلة.
f. مكثَ في المدينة أسابيعَ طويلة.

3. a. هي أجملُ من أختها الكبرى.
b. بدأ فصل الصّيف وأضحَت السّماءُ زرقاءَ صافية.
c. اشترى سيّارة أحدثَ من سيّارته القديمة.
d. أصيبَ في عينه اليمنى عندما كان صغيراً فصار أعورَ.
e. تشاجر مع زميله وأمسى غضبانَ.
f. سرنا في طريقٍ أعوجَ للوصول إلى منزلهم في الجبل.

4. a. في الصحيفة اليوم، قرأت عناوينَ مثيرةً للجدل.
b. جلسَ في مقاعدَ مريحة.
c. بساتينُ جميلة تحيط بمنزله في الضّيعة.
d. نظمَ الشّاعر في عيون نجلاءَ قصائدَ رومنسيّة.
e. نستيقظ في الرّبيع على زقزقةِ عصافيرَ.
f. عقد أطبّاءُ مشهورون مؤتمراً في باريس.

124

SOLUTIONS

c. دخل المريض المستشفى طلباً للعلاج.
d. لم يخبر أباه برسوبه خوفاً من التوبيخ.
e. سافرنّ إلى شاطئ البحر للاستجمام.
f. بكت غضباً.

6 a. دخل المدعوون مبتسمين.
Les invités sont entrés en souriant.
b. عاد المسافران سالمَيْن.
Les deux voyageurs sont revenus sains et saufs.
c. اجتازتا الشارع راكضتَيْن.
Elles ont traversé la rue en courant.
d. رجع فريق كرة القدم إلى بلاده فائزاً.
L'équipe de football est retournée dans son pays victorieuse.
e. وصل محامي المتّهم متأخّراً.
L'avocat de l'accusé est arrivé en retard.
f. رأيتُ الناجح مبتهجاً.
J'ai vu celui qui a réussi ravi.

7 a. لتحضير التّبولة اللّبنانيّة، يجب فرم البقدونس فرماً ناعماً.
b. ازدهرت شركته ازدهاراً كبيراً.
c. تقدّم في دراسته تقدّماً ملحوظاً.
d. نجحوا في مهنتهم نجاحاً باهراً.
e. انتصرَ على خصمه انتصاراً ساحقاً.
f. عزفتَ على العود عزفاً رائعاً.

8
a. Nous sommes arrivés à Alexandrie la nuit.
b. Ils ont quitté leur domicile à midi. c. Leur mésentente a duré une semaine. d. Il a vendu sa voiture le mois dernier. e. Ils ont attendu l'arrivée du train (pendant) deux heures !
f. L'avion a atterri l'après-midi à l'aéroport international de Beyrouth.

9

d.	b.	a.
ش	خ	ي
ر	c. ل	ا م	1. ش
ق	و	ف	2. ي
	e. ر	ن	ي	ب	3.
ك	ا	ن	ه	4.
		ء		
		ح		
ل		و	ح	5.

10 a. درستُ وصديقاً في مكتبة الجامعة. : A
b. سلّمَتْ عليها وعلى أخيها. : B
c. جاءَ وغروبَ الشّمس. : A
d. رحّبن بليلى وبزوجها. : B
e. مشينا والنّهرَ. : A
f. عادوا والفجرَ. : A

15. Les conjonctions de coordination

1
a. Tu as étudié alors tu as réussi.
b. Ne délaisse pas tes parents car tu le regretteras.
c. Nous avons chanté, dansé et veillé jusqu'à l'aube.
d. J'ai perdu mon portefeuille et mes clés.
e. Quant à la maison, elle l'a vendue et elle a acheté un petit appartement. f. Le directeur est entré suivi des employés (puis les employés) dans la salle de réunion.

---

e. ربح أخو فاطمة المباراة.
f. رحّبتا بأخيهما عندما رأتاه بعد فراق طويل.

2 a. رأيتُ حماها وحماتها أمس في السّينما.
b. وعدنا أمّهما وأباهما أن نساعدهما على إيجاد وظيفة.
c. اشترى أخوهنّ أسهماً في البورصة.
d. فتح فاه ليُخبر بالحقيقة ثمّ غيّر رأيه.
e. تقاعد حموكم السنة الماضية.
f. بحثُ لأبي بسرّ كبير.

3 a. سلّمتُ على أبيهما. b. يمتلك حموهنّ ثلاث شقق في الضّيعة.
c. في فيه، أسنان ناقصة. d. طلّق أخي زوجته.

4 a. تتكلّم الممرّضة مع أخي المريض.
b. حمو أمينة باحث في الأدب العربيّ.
c. أعرف الرّجل ذا القبّعة الزّرقاء الواقف هناك.
d. كان فوه لا ينطق إلّا بالكلام الطّيب.
e. أبوك محلّل سياسيّ معروف.
f. تعرّفتم على أبيهم في حفلة النّادي.

5 a. في شركتنا، يفضّل مديرنا توظيف المهندسين ذوي الخبرة في مجال المعلوماتيّة.
b. قام ذوو الدّخل المحدود بمظاهرات في العاصمة وضواحيها.
c. "ذو العقل يشقى في النعيم بعقله وأخو الجهالة في الشقاوة ينعم." (المتنبّي)
d. أمنح ثقتي لذي / لذوي الأمانة فقط.
e. شغلَ الموظف ذو الكفاءة العالية منصباً مهمّاً.
f. كان زوجها ذا قامة طويلة.

14. Les compléments

ل	م	ع	ا	ل	ح	ي	ر	ص	ت
م	و	ن	ل	ا	و	ع	س	ف	م
ه	ص	ن	ا	ل	ب	ه			
ة	د	ي	ص	ق	ل	ا			
ه	ت	أ			ه	ب	ة		

Le mot mystère est : مفعول به

2 a. تعرّف عليهم خلال رحلة بالقارب في النّيل.
b. شربناه في كافيتيريا النّادي بعد التّمارين الرّياضيّة.
c. عرض التّاجر بضاعته الجديدة عليهم.
d. تذكّرتُها بحنين كبير.
e. رأيتُهما في الملهى أمس.
f. حضّرتها حماتي ليوم العيد.

3 a. ملأ النّادل كأس الزّبون عصيراً.
b. ليلى أكثر جمالاً من أخواتها.
c. شربنا لتراً حليباً.
d. شارك في مسابقة الشّعر أربعون تلميذاً.
e. هذا الطّالب أقلّ انتباهاً من زميله.
f. استعملت في وصفتي كيلوغراماً لحماً.

4 a. يتألّف طاقم المسلسل من مخرج وأربعة عشر ممثّلاً.
b. أريد أربعة أرطال زيتاً لو سمحت!
c. ليلى أصغر التّلاميذ سنّاً في صفّها.
d. في مكتبتي خمسون كتاباً لمؤلّفين عرب.
e. اشترى البقّالون مئة كيلو تفّاحاً من عند تاجر الجملة.
f. لوحات هذا الرّسّام الهاوي أكثر جمالاً من لوحات بعض الرّسّامين المحترفين!

5 a. ذهبنا إلى المطار لاستقبالهم.
b. تركوا الضّيعة ورحلوا إلى المدينة بحثاً عن عمل.

SOLUTIONS

❷ a. "الخيل والليل والبيداء تعرفني والسّيف والرّمح والقرطاس والقلم." المتنبّي
b. أمّا صديقها فاعتذر منها وحاول تصحيح هفوته.
c. "نظرة فابتسامة فسلام فكلام فموعد فلقاء." أحمد شوقي
d. "أعطني النّاي وغنّ فالغناء سرّ الوجود." جبران خليل جبران
e. كان الجوّ دافئًا والشّمس مشرقة والسّماء زرقاء صافية.
f. أقلع عن التّدخين فتتحسّن صحّتك.

❸ a. لم تسلّم عليهم بل تجاهلتهم.
b. إمّا أن تخبره أنتَ بالحقيقة وإمّا أن أخبره أنا بها.
c. وضعتُ في حقيبتها مشطًا وزجاجة عطر.
d. أتريدون الرّحيل أم البقاء؟
e. كتبتُ الرّسالة ثمّ وضعتها في الظّرف.
f. حضّرنَ لي الحمّص أو التّبولة فأنا أحبّ الأكلات اللّبنانيّة جميعها.

❹ a. 3 b. 6 c. 1 d. 5 e. 2 f. 4

❺ a. أتريد شاي أم قهوة؟
b. اجلب معك باقة ورد أو علبة شوكولا.
c. أتفضّلين الفستان الأسود أم الأحمر.
d. ضعي قبّعة على رأسك و خذي مظلّة فالشّمس حارقة اليوم!
e. سأعطيكم بطاقات مجّانيّة للدّخول إلى السّينما أو المسرح يوم السّبت.
f. أشربتَ عصير تفّاح أم عصير ليمون؟

❻ a. 3 b. 5 c. 6 d. 2 e. 4 f. 1

❼ a. لم يترك بلاده ليبتعد عن ذويه وإنّما / ولكن ترك بلاده بحثًا عن عمل.
b. "إنّ الحياة قصيدة أعمارنا أبياتها والموت فيها قافية." إيليّا أبو ماضي
c. كنّا ننتظر وصوله اليوم ولكنّه أجّل مجيئه، سيصل إذًا غدًا.
d. احمرّ وجهها لأنّها خجولة.
e. سينجح مشروعهم ولكن / وإنّما عليهم أن يعملوا بجدّ.
f. قدّمت استقالتها لأنّها وجدت وظيفة أخرى بمرتّب أعلى.

16. Les particules

❶ a. لن يدعوا كلّ الصّحافيّين إلى حفل افتتاح المعرض.
b. لن يُسلّمَ رئيسُ الجمهوريّة هذا الملفّ الشّائك إلى وزير الدّاخليّة.
c. لن يجد الوفد المبعوث حلًّا للأزمة الرّاهنة.
d. لن يقضيا وقتًا مُمتعًا في الحفلة.
e. لن تنسحبوا غدًا من الاتّفاقيّة التّجاريّة.
f. لن نوافق على كلّ البنود المقترحة في الوثيقة.

❷ a. يَسُرُّني أن تجيبوا لزيارتي.
b. تريدين أن تقرئي ديوانه الشّعريّ الجديد.
c. تحبّان أن تشربا القهوة في حديقة المنزل.
d. يودّون أن يتناولوا العشاء في مطعم الفندق.
e. طلبتَ منه أن يصلَ باكرًا.
f. علينا أن نطالبَ بعلاوة.

❸ a. سنذهب إلى محلّ العطور اليوم لكي نستفيدَ من العرض الخاصّ.
b. ستبقى الصّحافيّة في المكتب حتّى تنتهيَ من كتابة مقالها.
c. ذاكروا الدّرس فتنجحوا في الامتحان.
d. - سأكون في البيت يوم الأحد.
   - إذن أزورَك / أزورُكِ!
e. امتنعْ / امتنعي عن التّدخين كي تتحسّنَ صحّتك / صحّتكِ!
f. عاد إلى بلده ليترشّحَ للانتخابات.

❹ a. سوف يتحسّنُ الوضع الاقتصاديّ في البلد.
b. تركوا المدينة ولن يعودوا إليها أبدًا.
c. هما كانا قد باعا المنزل عندما قرّرا الانفصال.
d. ستعلنُ اللّجنة نتيجة المسابقة بعد عشر دقائق.

e. نامي باكرًا فتستريحي!
f. سافرنَ بالطّائرة ليصلنَ هذا المساء إلى الجنوب.

❺ a. Elles ont voyagé afin de se reposer.
b. Elle a préparé les mets appétissants pour honorer ses invités. c. Excusez-vous auprès de lui et ainsi il vous pardonnera. d. Elles ne signeront pas l'acte de vente.
e. Il participera au concours plusieurs fois jusqu'à ce qu'il gagne. f. Nous voulons modifier les conditions d'abonnement au club sportif.

❻ a. لنشترِ قالب حلوى!
b. لم أعتنِ بها كما يجب.
c. لا ترمِ النّفايات في الشّارع!
d. لم يكتفوا بالرّاتب المحدّد للوظيفة وطالبوا بعلاوة.
e. ليعطِ الإرشادات اللّازمة للموظّفين.
f. لا تنسيا موعدكما عند الطّبيب!

❼ a. Je ne lui ai pas raconté une histoire des *Mille et Une Nuits*. b. Ne vous querellez pas ! c. Nous ne leur avons pas promis de venir demain. d. Disons-lui immédiatement la vérité ! e. Elles n'ont pas envoyé le colis par la poste. f. Il n'est pas venu à l'inauguration de l'exposition.

❽ a. لم يحاولا إصلاح الجهاز. b. لم تُضَعْ رخصة القيادة.
c. لم نترك مفاتيح الشّقة مع أخينا. d. لم يعترفْ بخطئه.
e. لم أكُ القمصان الجديدة. f. لم يلعبوا في ساحة المدرسة.

❾ a. ليدرسْ في مكتبة الجامعة! b. لنمشِ على الرّمل السّاخن!
c. لتساعدْ أباها في إدارة الشّركة! d. ليعتنيا بصحّتهما!
e. ليغسلوا الأطباق الوسخة! f. لتسكنا مع زميلتهما!

❿ a. سوف تندمون على ما فعلتم!
b. لن نشارك في النّدوة الأسبوع القادم.
c. ليُساهموا في هذا العمل الخيريّ!
d. لا تُعرّضي بشرتك من دون وقاية لأشعّة الشّمس القويّة.
e. لم تذاكرنَ جيّدًا للامتحان.
f. طلبَ قرضًا من البنك لكي يشتريَ بيتًا في الجبل.

⓫ a. لعلّ الطقسَ مشمسٌ اليوم فنذهب إلى شاطئ البحر.
b. كأنَّ وجهها القمر. c. إنَّ السّماءَ تُمطر اليوم.
d. وصلته الرّسالة ولكنّه لم يقرأها. e. اعتقدتُ أنّ الباب مقفل.
f. ليتَ المسافرين يعودون!

⓬ a. من المعروف أنّها من المواقع السّياحيّة المصريّة المهمّة.
b. لعلّهم يجدون طريقة علاج مبتكرة لحالته.
c. ليته يدعمه لإيجاد وظيفة في الجامعة.
d. حضّرت قالبَ حلوى لكنّهنّ يتّبعن نظام حمية.
e. إنّهما تحتفلان بنجاحهما.
f. كأنّه وردة مصيرها الذّبول.

⓭ a. ليتَ الشّبابَ يعودُ يومًا!
b. إنَّ البحرَ هائجٌ دائمًا في هذه المنطقة.
c. لعلَّ الرّاسبينَ هذه السّنةَ ينجحان السّنة المقبلة.
d. أجّلتُ المحاضرة ولكنّ المدعوّين لم يُبلّغوا بالأمر.
e. انقضّ على خصمه وكأنّه أسدٌ. f. من المؤكّد أنّهم لن يأتوا.

⓮ a. لعلَّ الوضع الاقتصاديَّ يتحسّنَ في البلد.
b. إنّ موظّفي هذه الشّركةِ يعملون تسع ساعات في اليوم.
c. سنخبرهُ بأنّ موظّفًا في قسم المحاسبة اختلس مبلغًا من المال.

SOLUTIONS

d. إن أردتِ الوصول إلى هدفك فثابري في جهودك!
e. إذا سمعتا الموسيقى رقصتا.
f. لو علمنا أنّه في العاصمة لزرناه.

⑩ a. إن تدفعي الإيجار بانتظام تتفادي مشكلة مع المالك.
b. إذا قدّموا لها الهدايا نالوا رضاها.
c. لو قرأ طريقة الاستعمال لما كان كسرَ المكنسة الكهربائيّة.
d. إن أهملنا عملنا ندمنا.
e. إذا كلّمته فسوف يُجيبُها.
f. لو حافظتما على علاقتكما لما افترقتما.

d. ليتَ معلّمي هذه المدرسة يُدركون أهمّية تشجيع التّلاميذ.
e. كأنَّ بيته قصرٌ! f. رويتما أنّ سارقاً أتى ليلاً.

⑮
a. Nous savons qu'ils vivaient à Damas.
b. Pourvu que la santé du malade s'améliore ! c. Ils ont prétendu qu'ils possédaient un château à la campagne.
d. Je pensais qu'elle avait voyagé hier. e. Il a été prouvé que l'accusé dans cette affaire était innocent. f. Je crois que tu t'es trompé dans ton analyse.

⑯ a. ذكروا أنّهم كانوا يعملون في وزارة الزّراعة.
b. ظننتُ أنّها أختك.
c. كان يثق بها ولكنّه اكتشف أنّها كانت تكذب عليه.
d. أعلنتْ أنّها تستقيل. e. نشكّ أنّ هذه القصّة حقيقيّة.
f. تعتقدون أنّ أباه قد سافر.

17. Les phrases conditionnelles

❶ a.4 ; b.6 ; c.1 ; d.3 ; e.2 ; f.5
❷ 1. f 2. e 3. d 4. a 5. b 6. c
❸ a. إذا أردتَ الاستيقاظ باكراً يجبُ أن تنامَ الآن.
b. إذا اتّبعنَ وصفات كتاب الطّهي سيحضّرنَ أشهى الأطباق.
c. إذا رحلوا باتت الضّيعة مقفرة.
d. إذا اشتركتم في المسابقة ستفوزون بالجائزة الكبرى.
e. إذا فركتما أسنانكما بانتظام تحافظان على صحّتها.
f. إذا ساعدا زميلهما في أنهاء هذه المهمّة حقّقا أرباحاً كبيرة للشّركة.

❹ a. إن مارستِ الرّياضة خسرتِ وزنكِ الزّائد.
b. إن يأتوا معنا نحجزْ طاولة في أفخم مطعم.
c. إن درستم جيّداً نجحتم.
d. إن نسافرْ إلى بلد جديد نمضِ عطلة رائعة.
e. إن يعملنَ بنشاط يُنهينَ مهمّتهنّ سريعاً.
f. إن زرع المرء الخير حصد الفرح.

❺ a. إن تزُرْني أكرمْكَ.
b. إن تواجهي المشكلة تنتصري. / إن واجهتِ المشكلة انتصرتِ.
c. إن تأخّرتم في الوصول إلى المحطّة فاتكُم القطار.
d. إن عملَ كلّ موظف بنشاط ازدهرت الشّركة.
e. إن تُخبريها بما حصل تتفهّم الموقف.
f. إن عرفوا ما به مدّوا له يد العون.

❻ a. إن أردتَ النّجاح فاعملْ باجتهاد!
b. إن ربحوا المباراة اليوم فهم أبطال!
c. إن تساعدوا المحتاج فأنتم محسنون.
d. إن سلّمكم صديقكم سرّاً فلا تبوحوا به لأحد!
e. إن ربحتما الجائزة مرّة بعد فأنتما محظوظتان.
f. إن أخبرتني الحقيقة فلستَ كاذباً.

❼ a. لو صبرتم لنلتم مبتغاكم.
b. لو كتبنا بوضوح أكثر لكانوا قرؤوا رسالتنا بسهولة.
c. لو طلبوا قرضاً من البنك لنالوه.
d. لو لبّت الدّعوة لكنّا فرحنا.
e. لو لزمَ الصّمت لكانَ تفادى المشكلة.
f. لو عملا بنصيحتي لما / ما كانا فُصلا من الوظيفة.

❽ 1. e 2. f 3. a 4. d 5. c 6. b
❾ a. إن طرحتَ سؤالاً أجبتك عليه.
b. إذا ارتكبتُ خطأ فسوف أعتذرُ.
c. لو استمرّ في نفاقه لخاصمته.

127

TABLEAU D'AUTOÉVALUATION

Bravo, vous êtes venu(e) à bout de ce cahier ! Il est temps à présent de faire le point sur vos compétences et de comptabiliser les icônes afin de procéder à l'évaluation finale. Reportez le sous-total de chaque chapitre dans les cases ci-dessous puis additionnez-les afin d'obtenir le nombre final d'icônes dans chaque couleur. Enfin, découvrez vos résultats !

Chapitre	🙂	😐	☹	Chapitre	🙂	😐	☹
1. Les numéraux : généralités				10. Les verbes quadrilitères et leurs dérivations			
2. Compter les choses				11. D'autres particularités des verbes			
3. Les ordinaux et le temps				12. Les diptotes, les défectueux et les indéclinables			
4. Les verbes modaux				13. Les irrégularités des substantifs : les cinq noms			
5. L'imparfait				14. Les compléments			
6. Le plus-que-parfait				15. Les conjonctions de coordination			
7. Le passif				16. Les particules			
8. Les participes verbaux				17. Les phrases conditionnelles			
9. Les participes des verbes dérivés							

Total, tous chapitres confondus ....

Vous avez obtenu une majorité de...

Super ! ممتاز!
Vous maîtrisez maintenant les fondamentaux les plus utiles de l'arabe standard, vous êtes fin prêt(e) !

Pas mal ! وسط!
Mais vous pouvez encore progresser... Refaites les exercices qui vous ont donné du fil à retordre en jetant un coup d'œil aux leçons !

Persévérez ! محاولة ثانية!
Vous êtes un peu rouillé(e)... Reprenez l'ensemble de l'ouvrage en relisant bien les leçons avant de refaire les exercices.

Crédits iconographiques : Shutterstock.
Mise en pages : Élodie Bourgeois pour Lunedit
Réalisation : lunedit.com
© 2020 Assimil
Dépôt légal : décembre 2019
N° d'édition : 3929

ISBN : 978-2-7005-0807-9
www.assimil.com
Imprimé en Slovénie par DZS en décembre 2019